Sinnespfade zur basalen Förderung

# Mein Körper & ich

## Differenzierbare Unterrichtsideen für Schüler*innen mit intensivem Förderbedarf

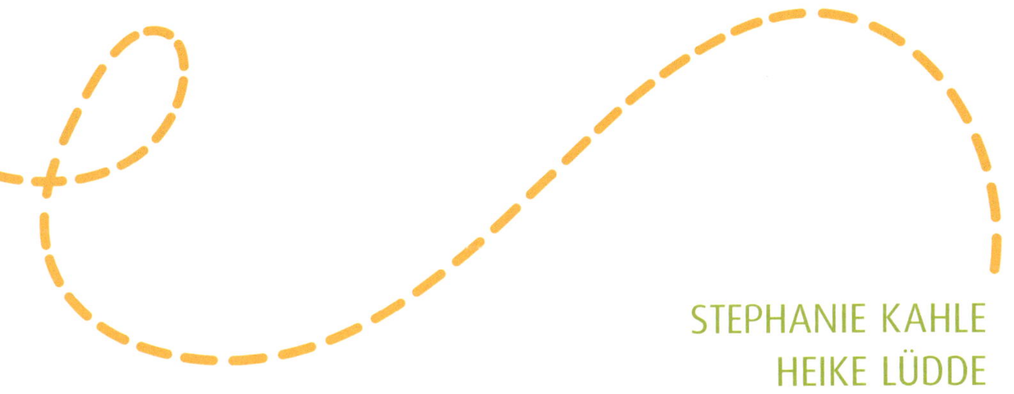

STEPHANIE KAHLE
HEIKE LÜDDE

Verlag an der Ruhr

# Impressum

**Titel**
Sonderpädagogische Förderung – Geistige Entwicklung:
**Sinnespfade zur basalen Förderung, Mein Körper und ich**
*Differenzierbare Unterrichtsideen für Schüler*innen mit intensivem Förderbedarf*

**Autorinnen**
Stephanie Kahle, Heike Lüdde

**Umschlagfotos und Fotos im Innenteil**
Stephanie Kahle, Heike Lüdde

**Umschlagillustrationen und Illustrationen im Innenteil**
Illustrationen Sinne/Organe: Veren Kasparbauer (Instagram: @Littleclipartfactory), Illustration Mensch/Umriss: Heike Lüdde, Shutterstock.com: Superheld © robuart, Emoji © Iconic Bestiary, Menschen in Bewegung © Andrii Bezvershenko, (weitere Illustrationen, wenn nicht direkt auf der Seite angegeben, siehe vollständiger Bildnachweis S. 104)

**Druck**
Heenemann GmbH & Co. KG, Berlin, DE

Verlag an der Ruhr
Mülheim an der Ruhr
www.verlagruhr.de

**Geeignet für die Klassen 1–8**


ISBN 978-3-8346-6282-8

# Inhalt

# Didaktisch-methodische Anmerkungen

Mit den hier vorliegenden Sinnespfaden können Sie **sachbezogene Bildungsbereiche** für nicht schriftlesende Schüler*innen[1] in heterogenen Lerngruppen rund um die Themen **„der menschliche Körper" und „Gefühle"** umsetzen.

In diesem Band finden Sie insgesamt **sechs Praxiseinheiten** zu den Themen „Identität", „Sinneswahrnehmung", „Gefühlserleben" und „Aufbau des menschlichen Körpers". Im Verlauf der Einheiten setzen sich die Schüler*innen mit ihren körperlichen Merkmalen sowie Eigenschaften, mit ihren Sinnen und Gefühlen auseinander. Daran schließen sich Lernaktivitäten zum menschlichen Körper und seinen Funktionen an. Der Band ersetzt hierbei jedoch keine Sequenzplanung, sondern versteht sich als **strukturierte Ideensammlung und Planungshilfe**.

Ergänzend dazu, finden Sie im Programm des Verlag an der Ruhr einen Folgeband zur sexualpädagogischen Arbeit mit dem Titel **„Pubertät und Sexualität. Differenzierbare Unterrichtsideen für Schüler*innen mit intensivem Förderbedarf" (ISBN 978-3-8346-6273-6).**

## Sinnespfade

Die sogenannten „Sinnespfade" **visualisieren Lernwege** und beinhalten **individualisierbare Angebote** innerhalb eines thematischen Kontextes. Diese Unterrichtsideen können Sie, auf die jeweilige Lerngruppe abgestimmt, zusammenstellen und ggf. nach Bedarf um andere Materialien ergänzen, um die Komplexität des Lernfelds „Mein Körper und ich" abzudecken.

Die Sinnespfade wurden ursprünglich für Lernende mit intensiverem Förderbedarf im Sinne einer komplexen *„[...] Beeinträchtigung des ganzen Menschen in allen seinen Erlebnis- und Ausdrucksmöglichkeiten"*[2] (vgl. Fröhlich 1991, S. 11) konzipiert und erschienen erstmals als Band mit dem Titel „Sinnespfade zur basalen Förderung. Ganzheitliches Lernen in Projekten für Schüler*innen mit intensivem Förderbedarf" (Verlag an der Ruhr, 2022).

In diesem Buch wurden sie erweitert.

Der Fokus liegt hierbei auf:

- basaler Förderung
- Bildlesestufe
- Einfache Sprache

Am Anfang jedes der sechs Sinnespfade finden Sie zunächst **ein Übersichtsblatt des jeweiligen Lernweges als Kopiervorlage** (z. B. S. 7), welches das Unterrichtsthema und die Aktivitäten aufführt und so für individuelle Absprachen im Klassenteam genutzt werden kann.

Dem Übersichtsblatt folgen Erläuterungen und Hinweise zur **Umsetzung** sowie **Differenzierungsmöglichkeiten**. Dabei werden komplexe Sachverhalte **didaktisch reduziert** und Vorschläge für mündliche Erklärungen der Lehrkraft in Einfacher Sprache gegeben. Diese sind kursiv gedruckt. Zum Schluss jedes Sinnespfades finden Sie **Arbeitsblätter und Materialvorlagen**.

Bei der Konzeption haben wir auf Möglichkeiten der **Schaffung gemeinsamer Lernsituationen** geachtet. Wichtig ist uns **das Lernen im Miteinander, der Einbezug verschiedener Sinne** und **die Freude am Lerngegenstand**. So individuell die Schüler*innen, so flexibel sollte auch der Materialeinsatz erfolgen. Natürlich kann jeder Sinnespfad in der vorgegebenen Abfolge durchgeführt werden. Jedoch kann man – wie bei einem schönen Spazierweg auch – auf interessante Dinge zurückschauen oder einen Abschnitt noch einmal durchlaufen. Wie auch immer am Ende des Weges die individuellen Fußspuren hinterlassen worden sind - der*die Lernende hat sich mit dem Sachthema auf unterschiedliche Art und Weise mehrsinnlich auseinandergesetzt. Mit Blick auf die Lernenden können die in diesem Buch vorgestellten Unterrichtsideen durch andere Materialien oder auch Themen ergänzt werden, um die Komplexität des Lernbereiches abzudecken.

## Erweiterter Lesebegriff

Aufgrund der Heterogenität im Förderschwerpunkt Geistige Entwicklung sind **unterschiedliche Zugriffsweisen**

---

[1] Der Verlag an der Ruhr legt großen Wert auf eine geschlechtergerechte und inklusive Sprache. Daher nutzen wir das Gendersternchen, um sowohl männliche und weibliche als auch nichtbinäre Geschlechtsidentitäten einzuschließen. Alternativ verwenden wir neutrale Formulierungen. In Texten für Schüler*innen finden sich aus didaktischen Gründen neutrale Begriffe bzw. Doppelformen.

[2] *Fröhlich, Andreas:* Basale Stimulation, 7. Auflage. Verlag selbstbestimmtes Lernen: Düsseldorf, 1991

**auf Unterrichtsinhalte** unabdingbar. Dem Bereich Lesen liegt dabei ein erweiterter Lesebegriff nach Hublow (1985) und das Prinzip der Einfachen Sprache zugrunde. Lesen impliziert dabei mehr als die Deutung von Schriftzeichen. Menschen lesen demnach auch Situationen sowie bild- und symbolhafte Zeichen, sodass sich verkürzt zusammenfassend **drei Lesearten** herausstellen lassen:

- Bei der ersten Leseart des Situationslesens werden Personen, Tiere und Realgegenstände im Umfeld wahrgenommen, in Beziehung gebracht und ihr Sinn wird gedeutet.
- Beim Bildlesen als zweiter Leseart werden Abbildungen von Personen, Tieren, Gegenständen und Situationen verschiedener Abstraktionsgrade als Abbilder der Wirklichkeit erkannt und gedeutet.
- Das Schriftlesen als dritte Leseart befähigt zu vielfältigen Leseerfahrungen mit Schriftzeichen und baut Lesefertigkeiten auf Silben-, Wort-, Satz- und Textebene auf. (vgl. Hublow 1985, S. 2 f.)[3]

Im Sinne der Einfachen Sprache werden im vorliegenden Band schriftliche und mündliche Erklärungen für die Schüler*innen in Satzkomplexität und Wortschatz didaktisch reduziert.

## Leitgedanken

Grundlegend für ein **positiv besetztes Gefühlserleben** innerhalb der Arbeit mit den Sinnespfaden ist eine **wertschätzende pädagogische Haltung und Kommunikation** gegenüber den Lernenden.

Als Voraussetzung gilt das Recht eines jeden Menschen, auf seine Weise zu lernen, wodurch sich der Grundsatz für die lernbegleitenden Personen ergibt, ihm **individuelle Lernwege** zu ermöglichen. Im heterogenen Setting schafft hierfür die **fächerverbindende, projektorientierte Arbeit** einen Rahmen, um **Möglichkeiten zur Partizipation** zu schaffen.

## Sexualpädagogischer Ausgangspunkt

Ein elementarer Bestandteil des menschlichen Selbstbestimmungsrechts ist die Sexualität, welche sich auf alle Lebensphasen erstreckt. Dabei gilt es nicht, zu fragen, ob eine eigenständige Sexualität möglich ist, sondern vielmehr, wie diese mit Blick auf Privatsphäre, Zugänglichkeit und Menschenwürde gestaltet werden kann. Sporken (1974) definiert Sexualität als die Möglichkeit zur Selbstverwirklichung und als Ausdruck von Kontakt, Beziehung sowie Liebe. Nach seinem Dreistufenschema umfasst sie

- die Gestaltung von Beziehungen und menschliche Verhaltensweisen,
- Gefühlsregungen, Freundschaft, Liebe sowie das Gefühl von Nähe und Distanz,
- körperliche Lust und Genitalsexualität.

Sexualunterricht sollte sich demnach nicht ausschließlich mit dem Fruchtbarkeits- und Lustaspekt, sondern auch mit dem Identitäts- und Beziehungsaspekt auseinandersetzen (vgl. Sporken 1974, S. 159 f.).[4] Dies impliziert die Thematisierung von Gefühlen, eine Förderung der Körperwahrnehmung sowie der Vielfalt zwischenmenschlicher Beziehungen. Dies geht überein mit den Beobachtungen nach Walter und Hoyler-Herrmann (1987), gemäß denen die körperliche Reifung bei Menschen mit sogenannter geistiger Beeinträchtigung ohne nennenswerte Abweichung zum üblichen Schema verläuft. Besonderheiten ergeben sich vielmehr im Hilfebedarf, welcher eine geduldige Begleitung im Bereich der Persönlichkeitsentwicklung impliziert.

Elementar ist der Aufbau eines ausgeprägten Körperbewusstseins durch die eingehende Auseinandersetzung mit sich selbst, seiner Persönlichkeit, dem eigenen Körper und der Entwicklung einer Abgrenzung zu Mitmenschen. (vgl. Hoyler-Herrmann 1987, S. 118)[5]

---

3 *Hublow, Christoph:* Lebensbezogenes Lesenlernen bei geistig behinderten Schülern. Geistige Behinderung, 24/2, Praxisteil. 1985.

4 *Sporken, Paul:* Geistig Behinderte, Erotik und Sexualität. Patmos Verlag: Düsseldorf, 1974.

5 *Walter, Joachim /Hoyler-Herrmann, Annerose:* Erwachsensein und Sexualität in der Lebenswirklichkeit geistig behinderter Menschen. Schindele: Heidelberg, 1987.

# Wortspeicher

Der folgende Wortspeicher umfasst Begriffe, die im Kontext der Sinnespfade Verwendung finden.

## Nomen (menschlicher Körper/Gefühle)

| der | die | das | die (PLURAL) |
|---|---|---|---|
| After | Angst | Auge | Adern |
| Arm | Armbeuge | Becken | Arme |
| Ärger | Brust | Bein | Augen, Augenbrauen |
| Bauch, Bauchnabel | Ferse | Blut | Beine |
| Darm | Freude | Gefühl | Brüste |
| Ekel | Furcht | Gehirn | Ellenbogen |
| Ellenbogen | Hand, Handfläche | Gelenk | Fersen |
| Finger | Haut | Gesicht | Finger |
| Fuß | Hüfte | Haar | Fingernägel |
| Hals | Leber | Herz | Füße, Fußsohlen |
| Hodensack | Luftröhre | Kinn | Haare |
| Knochen | Lunge | Knie | Hände |
| Kopf | Nase, Nasenspitze | Ohr | Knie, Kniebeugen |
| Körper | Niere | Skelett | Lippen |
| Magen | Schulter | | Muskeln |
| Mund | Speiseröhre | | Nerven |
| Muskel | Stirn | | Nieren |
| Nerv | Trauer | | Ohren, Ohrläppchen |
| Oberschenkel | Überraschung | | Schultern |
| Penis | Vulva | | Sinne |
| Po | Wade | | Wangen |
| Rücken | Wange | | Wimpern |
| Schädel | Wirbelsäule | | Zähne |
| Zahn | Wut | | Zehen |
| Zeh | Zunge | | |

## Verben

| | | | |
|---|---|---|---|
| atmen | kauen | rollen | sprechen |
| bauen | klatschen | sehen | springen |
| bücken | kleben | schlafen | stampfen |
| denken | krabbeln | schleichen | stehen |
| drücken | lachen | schlucken | tasten |
| fangen | laufen | schmecken | tragen |
| flüstern | liegen | schneiden | verdauen |
| fühlen | malen | schnipsen | weinen |
| gehen | pusten | schreiben | werfen |
| hören | (sich) recken | (aus)schütteln | zeigen |
| hüpfen | rennen | singen | |
| | riechen | | |

## Adjektivpaare, siehe auch S. 60

| | | | |
|---|---|---|---|
| angenehm – unangenehm | gerade – krumm | langsam – schnell | schmutzig – sauber |
| alt – neu, jung | hungrig – satt | müde – wach | schwer – leicht |
| blass – gebräunt | klein – groß | nass – trocken | stark – schwach |
| breit – schmal | krank – gesund | rau – glatt | traurig – fröhlich |
| dick – dünn | lang – kurz | rund – eckig | viel - wenig (Indefinitpronomen) |

# Sinnespfad „Das bin ich“

**Mein Ich-Buch**
Vorstellungen von sich und dem eigenen Körper entwickeln

**Spielreim: „Tipp, tipp, tipp“**
Körperteile benennen und Berührungen annehmen

**Körperreisen**
Vorstellungen vom eigenen Körper differenzieren, Berührungen annehmen und Grenzen festlegen

**Fotopuzzle-Ideen**
Vorstellungen von sich und anderen entwickeln, Gemeinsamkeiten und Unterschiede feststellen

**Spaß mit dem Spiegelbild**
Vorstellungen vom eigenen Körper differenzieren, den Wortschatz erweitern

**DIY-Würfelspiel**
Aktionen am Körper ausführen, Fragen beantworten

**Exkurs: der „Kleine Raum“**
*nach Lilli Nielsen*
*Objektkonzept und Selbstbild ausdifferenzieren*

# Sinnespfad „Das bin ich“

*„Wir alle sind gleich und doch verschieden. Ich habe einen Bauch und du hast auch einen Bauch. Wir beide haben zwei Arme.*
*Jeder und jede von uns sieht trotzdem immer etwas anders aus als der oder die andere. Ich habe (braune) Haare und du hast (blonde) Haare. Manche Menschen tragen auch eine Brille oder sind besonders groß. Das, was dich von anderen unterscheidet; also das, woran man dich sehr gut erkennen kann, sind die Merkmale deines Körpers, wie Haarfarbe, Körpergröße oder auch die Form deiner Augen. Du bist du! Ich bin ich! Wir sind besonders!“*

Ein Baustein eines stabilen positiven Selbstwertgefühls ist das Wissen über sich.
Das Körperschema entwickelt sich dabei nach Keller (2001) durch Berührungs- und Bewegungserfahrungen und meint die weitgehend unbewusst vollzogene Reizverarbeitung zur Orientierung im und am Körper sowie faktische Kenntnisse zu seinen Funktionen. Das Körperbild trägt eine emotionale Komponente und beschreibt die mehr oder weniger positive Haltung sowie Zufriedenheit gegenüber dem eigenen Körper.[6]

Nach Ayres (2013) wird jede Aktivität des Körpers genutzt, um damit weitere Entwicklungsschritte anzuschließen. Das freie Spiel gilt dabei als essenziell, um den Körper zu erfahren. Angebote zum Schaukeln, Drehen, Klettern, Schieben, Ziehen etc. werden darüber hinaus eigenangetrieben von Kindern gerne angenommen oder sollten durch Erwachsene in Fördereinheiten integriert werden.

Unterschieden werden **Sinne**, die Informationen zum eigenen Körper geben:

- Propriozeption (Tiefensensibilität, Bewegung und Position im Raum)
  - Stellungssinn (Gelenke)
  - Bewegungssinn (Geschwindigkeit und Richtung)
  - Kraftsinn (Muskulatur)
  - Gleichgewichtssinn (vestibulär)
- Interozeption (Informationen zum Körperinneren)

Auf diesem sensomotorischen Fundament bauen Sinne auf, die Informationen zu Reizen außerhalb des Körpers liefern.

- Sehsinn (visuell)
- Hörsinn (auditiv)
- Geschmackssinn (gustatorisch)
- Geruchssinn (olfaktorisch)
- Berührungssinn (taktil)[7]

In der körperwahrnehmungsbezogenen Arbeit gilt es, sensibel auf Reaktionen der Lernenden zu reagieren und so Abneigungen sowie Wünsche zu erkennen. Auf der Grundlage wertschätzender Rückmeldungen von Mitmenschen können Schüler*innen mit dem nachfolgenden Sinnespfad

- differenziertere Vorstellungen von sich und ihrem Körper entwickeln,
- den Wortschatz erweitern,
- Berührungen annehmen und eigene Grenzen festlegen,
- Möglichkeiten erproben, Teile ihres Körpers gestalterisch abzubilden.

## Mein Ich-Buch

*„Ich zeige dir meine Welt. Dazu brauche ich keine Worte. Ich brauche deine Aufmerksamkeit. Wir brauchen eine Verbindung. Dann kann ich dir alles zeigen!“*

So oder so ähnlich könnte man die Idee hinter einem Ich-Buch aus Sicht einer kaum sprechenden Person zusammenfassen.
Ich-Bücher sind von dem*der Lernenden mitgestaltet, individuell zusammengestellt und dokumentieren körperliche Merkmale, Charaktereigenschaften und wichtige Informationen über die Schüler*innen (Beispiele S. 14/15). Sie können gesammelt der Erinnerung und als Kommunikationsbrücke bzw. Gesprächsanlass dienen. Aktuell gehalten, dienen sie als Informationsquelle für (kurzfristige und neue) Betreuungspersonen.

6 *Keller, Georg:* Körperzentriertes Gestalten und Ergotherapie. Unterricht und therapeutische Praxis, 2. Auflage. Verlag modernes Lernen: Dortmund, 2001, S. 17ff.

7 *Ayres, Jean A.:* Bausteine der kindlichen Entwicklung. Sensorische Integration verstehen und anwenden, 5. überarbeitete Auflage. Springer Verlag, Berlin 2013, S. 50 ff.

Zu Bedenken ist, dass nicht alle Informationen für alle Leser*innen des Buchs bestimmt sind und gerade intime Informationen, beispielsweise zur Pflege, sensibel behandelt werden. Diese können hinten im Buch (z. B. in einem Umschlag) vorliegen. Sofern es die Kommunikationsmöglichkeiten zulassen, entscheidet die Ich-Buch-Verfasser*in, welche Daten des Buches anderen Personen zugänglich sind.

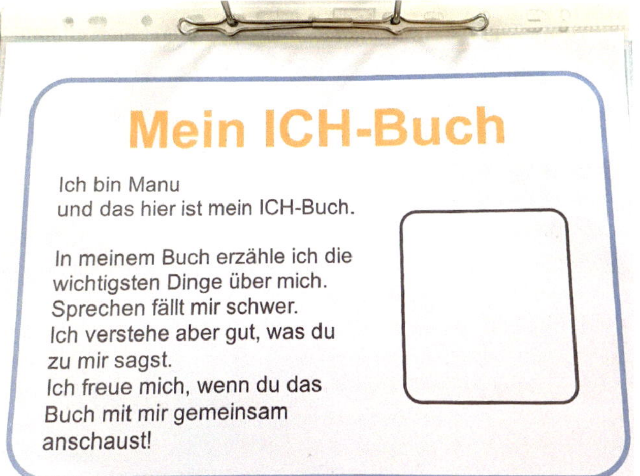


Ich-Bücher beinhalten individuell zusammengestellte Informationen zu folgenden Kategorien:

- Mein Name (und seine Bedeutung)
- Mein Geburtsdatum (mein Alter)
- Meine Familie
- Meine Haustiere und mein Freundeskreis
- Hier wohne ich
- Wichtige Ereignisse in meinem Leben (z. B. Umzug, Operationen, Urlaube …)
- Körperliche Merkmale, wie Haarfarbe, Augenfarbe, Größe, Gewicht, Gesichtsprofil, Fuß-, Hand-, Fingerabdruck, Kleider- und Schuhgröße
- So bewege ich mich (eigenaktiv) fort
- Das mag ich (nicht)
- Das mache ich (nicht) gerne
- Das esse ich (nicht) gerne
- Wenn ich mich (nicht) gut fühle, zeige ich das so
- Das lerne (übe) ich gerade
- Meine Hilfsmittel (mit Fotos)
- Wichtige Symbole und Gebärden
- Lagerungspositionen (mit Fotos)
- Medizinische Besonderheiten
- Bedeutende Routinen (z. B. Pflege)

### Material

Die Ich-Bücher sollten stabil genug und die Seiten austauschbar sein. Es bieten sich Ringbücher (ca. 3 cm Rückenbreite) an. Die einzelnen Seiten können in Klarsichthüllen gesteckt werden. Es hat sich bewährt, für alle Gestaltarbeiten des Ich-Buchs und auch die Informationsseiten festeres Tonzeichenpapier (Stärke ca. 130 g/m²) zu verwenden.

### Umsetzung

Gestalten Sie das Ich-Buch gemeinsam mit den Lernenden. Auch wenn Informationen durch Sie verfasst werden, gibt es vielfältige Möglichkeiten, um die Schüler*innen bei der Hintergrundgestaltung oder bei kleinen Details auf jeder Seite einzubeziehen (z. B. Schwamm- oder Stempeldruck, Fingermalen). Anregungen finden Sie auf S. 14.

## Spielreim „Tipp, tipp, tipp“

### Material

- ✔ Spielreim „Tipp, tipp, tipp“ (siehe Kasten S. 10)

### Material zur Differenzierung

- ✔ Kopiervorlage „Bildkarten: Körperteile“ (siehe S. 17/18)
- ✔ ggf. Fotoapparat, Drucker

Die Lernenden befinden sich in angenehmer Liege- oder Sitzposition. Der Vers wird auf einen lerngruppenangepassten Basiswortschatz begrenzt und vorgelesen. Er ist im Sinne einer didaktischen Reduktion bei paarigen Körperteilen auf die Einzahl reduziert und kann individuell verändert werden („Die Hände, die sind jetzt dran …“). Beim zweiten Vorlesen sprechen die Lernenden mit und tippen auf das entsprechende eigene Körperteil. Später können rücksichtsvoll die Körperteile eines Spielpartners/einer Spielpartnerin angetippt werden. Hierbei sollte mit den Händen und Armen begonnen werden.

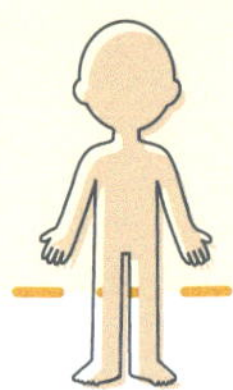

**Spielreim:**

## Tipp, tipp, tipp

Die Hand, die ist jetzt dran.

Tipp, tipp, tipp

und zeige, was sie kann.

*(z. B. winken)*

Der Arm, der ist jetzt dran.

Tipp, tipp, tipp

und zeige, was er kann.

*(z. B. ausschütteln)*

Der Kopf, der ist jetzt dran.

Tipp, tipp, tipp

und zeige, was er kann.

*(z. B. nicken)*

**mögliche Ergänzungen:**
der Rücken *(bücken)*, der Mund *(lachen)*,
der Fuß *(stampfen)*, der Po *(wackeln)*
die Schulter *(zucken)*, die Nase *(rümpfen)*
das Bein *(strecken)*, das Ohr *(hören)*

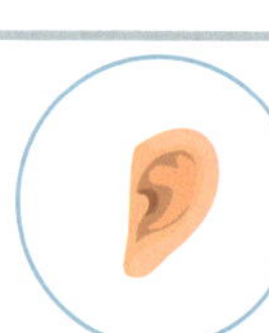

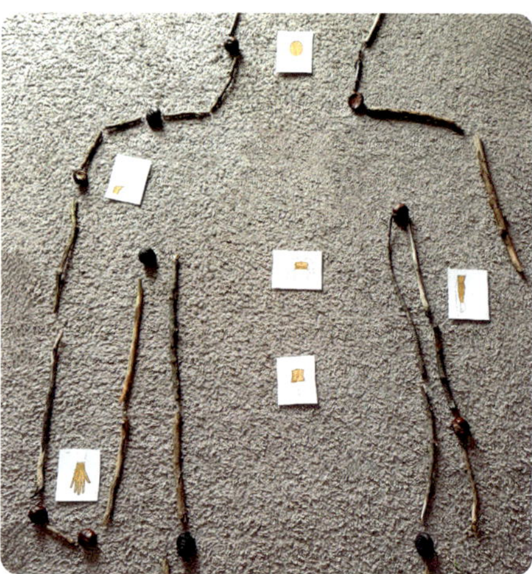

### Differenzierungsmöglichkeiten

Passend zum Spielreim, werden Bildkarten (z. B. S. 17/18) genutzt oder Fotos von den Körperteilen angefertigt. Diese können an der passenden Stelle des Spielreims hochgehalten werden. Zuordnungsübungen, z. B. Handabdruck zum Foto einer Hand, sind Ergänzungen und fördern den Wortschatz. Weiterhin werden Körperteile zur Frage geordnet: Was haben wir einmal, was 2-mal?

Darüber hinaus können Lernende Körperumrisse aus Naturmaterialien gestalten. Dafür hervorragend geeignet sind Kastanien. Während die Materialien um den am Boden liegenden Körper gelegt werden, benennen die Schüler*innen entsprechende Körperteile. Später können noch detailliertere Körperteile (z.B. der Bauchnabel, die Augen) gelegt und bei Nachfrage angetippt werden.

## Körperreisen

### Material

- ✔ Geschichte „Körperreise“ (siehe S. 19)

### Material zur Differenzierung

- ✔ Chiffontuch
- ✔ Taschenlampe
- ✔ Igelball

### Umsetzung

Die Schüler*innen liegen in einer für sie angenehmen Position auf dem Rücken. Sie werden darauf eingestimmt, eine Reise durch den Körper, vom Kopf bis zu den Füßen, zu machen. Dabei können sie die Augen schließen.
Mit vertrauter und ruhiger Stimme erzählt die Lehrkraft langsam die Körperreise.

### Differenzierungsmöglichkeiten

Die Körperreise kann, sensibel begleitet, auf unterschiedliche Weise wiederholt werden:

- Klopfmassage (während der Reise den Körper mit Fingern abklopfen)
- Streichelmassage, ggf. mit Chiffontuch (während der Körperreise über den Körper streicheln)
- Igelballmassage (während der Reise den Körper sanft mit einem Igelball abrollen)

- Taschenlampenreise im abgedunkelten Raum (Der*die Lernende ist in Sitzposition und hat die Augen geöffnet, die Körperregionen werden während der Körperreise mit einer Taschenlampe angeleuchtet.)

## Fotopuzzle-Ideen

### Material
- ✔ Fotokamera und -drucker
- ✔ Schere, Kleber, Tonzeichenpapier
- ✔ ggf. Klemmbausteine

### Umsetzung
Unter pädagogischer Begleitung fotografieren sich die Lernenden gegenseitig. Die Fotos sollten Gesichter frontal zeigen und im etwa gleichen Abstand aufgenommen sein. Nach dem Ausdruck (ca. 13 x 18 cm) wird ein Foto in gleich breite Streifen geschnitten, durchmischt und anschließend wieder korrekt zusammengesetzt. Erweiternd werden Fotostreifen mehrerer Schüler*innen gemischt und wieder zu Bildern der einzelnen Kinder zusammengesucht. Die individuellen Erkennungsmerkmale werden versprachlicht.

### Differenzierungsmöglichkeiten
Das Puzzlespiel wird mit Ganzkörperfotos und/oder als Puzzle mit Klemmbausteinen (siehe Foto) wiederholt. Einzelne Streifen können außerdem für ein Ratespiel herangezogen werden: Wer ist das und woran hast du das erkannt?

Werden die Puzzleteile unterschiedlicher Kinder kombiniert, können individuelle Merkmale deutlicher herausgestellt werden. Gemeinsamkeiten und Unterschiede werden sichtbar. Besprechen Sie, wie langweilig es wäre, würden alle äußerlich gleich aussehen.

## Spaß mit dem Spiegelbild

### Material für die Gestaltarbeit
- ✔ Spiegelfliese o. Ä., etwa 20 cm Breite
- ✔ Transparentpapier, ggf. Schere
- ✔ doppelseitiges Klebeband, alternativ Kleister und Malerkrepp

### Material zur Differenzierung
- ✔ 2 körpergroße Wandspiegel
- ✔ Vergrößerungs-/Kosmetikspiegel
- ✔ Rasierschaum, Lebensmittelfarbe
- ✔ 2 Schüsseln, Malunterlage

#### Rezept für DIY-Spielschaum

Material
- ✔ abgegossenes Wasser von einer Konservendose Kichererbsen (265 g)
- ✔ 3 TL Sahnesteif

Beide Zutaten werden geduldig für 10 Minuten zu Schaum gemixt.

### Umsetzung
Die Lernenden gestalten einen Spiegel mit buntem Rahmen. Dieser kann am Ende auch mit positiven Affirmationen (siehe S. 32) versehen werden.
Das gewählte Seiden- oder Transparentpapier wird in etwa 3 x 3 cm große Stücke gerissen oder geschnitten. Der Rand kann mit doppelseitigem Klebeband abgeklebt und das Papier darauf verteilt werden. Alternativ wird ein Kleister nach Gebrauchsanweisung angerührt. Die Mitte der Spiegelfliese wird zum Schutz mit Malerkrepp abgeklebt. Nun wird ein etwa 5 cm breiter Rand des Spiegels mit Kleister bestrichen und die Papierschnipsel werden darauf verteilt. Das Malerkrepp wird noch vor dem Trocknen abgezogen.

### Differenzierungsmöglichkeiten

Impulse für eine Auseinandersetzung mit dem Spiegelbild können sein:

- Was an deinem Körper sieht klein aus und was ist groß?
- Welche Körperteile sind vorn, welche hinten (oben, unten)?
- Welche Körperteile gibt es einmal, welche 2-mal?
- Bewege deinen Körper (winken, Kussmund, Bein heben ...).
- Wie siehst du aus, wenn du fröhlich (traurig, ängstlich ...) bist?

Für die Schüler*innen stehen verschiedene Spiegelflächen für weitere Übungen bereit:

- Betrachten von allen Seiten durch zwei Spiegel, die einander gegenüberhängen (alternativ: auf dem Boden und an der Decke oder einer Tischunterseite)
- Die Lernenden betrachten sich in einem Vergrößerungsspiegel.

- Die Lernenden spielen Spiegelpantomine. Sie stehen der Lehrkraft oder einem*einer Mitlernenden gegenüber. Eine Person macht die Bewegung vor, welche so genau wie möglich nachgeahmt wird.
- Die Lernenden spielen frei mit (Rasier-)Schaum. Dazu liegt ein Spiegel auf dem Tisch oder Boden. Zwei Schüsseln mit Schaum liegen bereit, davon ist einmal der Rasierschaum eingefärbt (siehe Foto unten links).

## DIY-Würfelspiel

### Material

- ✔ 2 bis 4 Tapetenbahnen (jeweils ca. 2 m lang), Klebestreifen
- ✔ Wachsmalstifte, Schere, Kleber
- ✔ Kreisschablone mit Durchmesser ca. 10 cm, *alternativ:* Untertasse
- ✔ kleines Kuscheltier o. Ä. als Spielfigur, Schaumstoffwürfel
- ✔ ggf. Heißkleber

### Material zur Differenzierung

- ✔ verschiedene Kleidungsstücke im Wäschekorb
- ✔ 16 etwa 8 x 5 cm große Kärtchen aus blauem Tonzeichenpapier (zum Bekleben mit den Vorlagen siehe S. 17/18)
- ✔ Kopiervorlagen „Bildkarten: Körperteile“ und „Ereigniskarten“ (siehe S. 17/18 und 20, nach Bedarf vergrößert kopieren)

### Umsetzung

Kleben Sie die zwei Tapetenbahnen aneinander und befestigen Sie diese dann mit Klebestreifen auf dem Boden. Zur Stabilisierung können die Bahnen zweilagig verklebt werden. Diese Tapetenbahnen ergeben das spätere Spielfeld.

Ein Kind liegt mit dem Rücken auf der Papierbahn. Die Umrisse des Körpers werden mit einem dunklen Wachsmalstift umrandet. Dabei werden die einzelnen Körperteile, an denen der Stift vorbeiführt, benannt. Ergänzend können äußerliche Körpermerkmale, wie Augen, Brustwarzen und Haare, eingezeichnet werden. Nun zeichnen die Lernenden mithilfe einer Schablone (Papierschablone oder Untertasse) in einem bestimmten

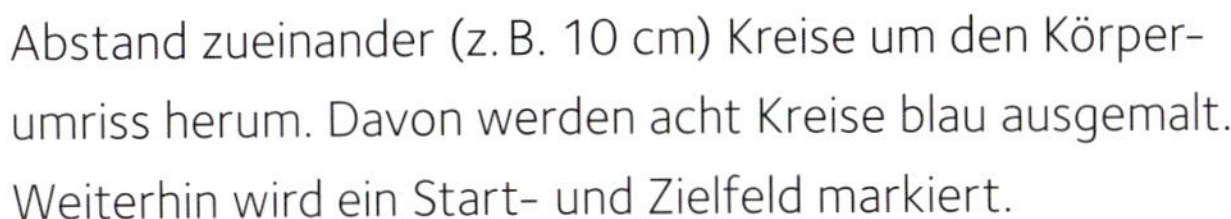

Abstand zueinander (z. B. 10 cm) Kreise um den Körperumriss herum. Davon werden acht Kreise blau ausgemalt. Weiterhin wird ein Start- und Zielfeld markiert.
Die Spieler*innen würfeln reihum. Wer am Zug ist, bewegt die Spielfigur (Kuscheltier) um die gewürfelte Augenzahl im Uhrzeigersinn auf dem Spielfeld. Landet die Spielfigur auf einem blauen Feld, wird eine der unter „Differenzierungsmöglichkeiten“ aufgeführten Aktionen ausgeführt.

### Differenzierungsmöglichkeiten

- Die Lernenden zeigen an sich oder am gezeichneten Körperumriss ein mündlich vorgegebenes Körperteil.
- Die Lernenden nehmen aus dem Wäschekorb ein Kleidungsstück und legen es an passender Stelle im Körperumriss ab.
- Die Lernenden ziehen ein mit den Bildkarten von S. 17/18 beklebtes, blaues Kärtchen, benennen das Körperteil und legen das Kärtchen auf die passende Stelle im Körperumriss.
- Die Lernenden ziehen ein mit den Ereigniskarten von S. 20 beklebtes, blaues Kärtchen und erfüllen die genannte Aktion.

**TIPP: das (Aus-)Malen erleichtern**

Umranden Sie Motivumrisse (hier: Kreislinien) mit Heißkleber. So entsteht eine Kante, welche das Ausmalen erleichtert.

Eine weitere Idee ist ein Körperpuzzle aus Bastelfilz, welches den Ausbau des Körperschemas fördert und die Formerkennung schult.

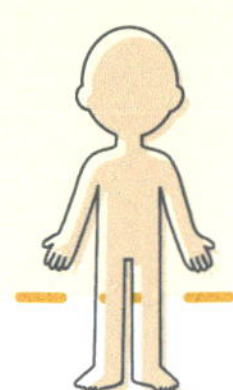

## Exkurs: der „Kleine Raum" *nach Lilli Nielsen*

Der Erwerb räumlicher Beziehungen durch Erfahrungen mit der Umgebung ist nach Nielsen (2001) bedeutsam für ein Objekt-Konzept und ein differenziertes Selbstbild. In der Auseinandersetzung mit der Umwelt steigert eine Person die Wahrnehmung von sich selbst, lernt, sich abzugrenzen und andere Menschen oder Dinge zu beeinflussen.

Der „Kleine Raum" ist, vereinfacht ausgedrückt, ein Kasten aus zusammengebauten Elementen (empfohlen ist eine Decke aus Plexiglas). Die Holzwände sind mit verschiedenen, individuell angepassten und gut erreichbaren Materialien ausgestattet.
Der*die Lernende liegt oder sitzt darin. Durch (un)bewusste Berührung der Materialien erzeugt er*sie gegenstandsbezogene Geräusche, schaltet ein Licht an oder erhält taktile Eindrücke. Bevorzugt werden die Gegenstände mit elastischen Bändern befestigt, welche so beim Loslassen an ihren ursprünglichen Ort zurückschnellen, wodurch die Objektpermanenz gefördert wird.
Empfohlene Materialien, die eine Aktivität anregen, sind unter anderem Backpapier, ein Schlüsselbund, Spülschwamm, kleines Wärmekissen, eine Lampe mit Sensor, (nicht angeschlossene) elektrische Schalter oder auch Chiffontücher.[8]

[8] *Nielsen, Lilli:* das Ich und der Raum. 2. Auflage, Verlag edition bentheim, Würzburg, 2001.

## Beispielseiten für das Ich-Buch

### Mein Geburtstag

(Matschbild passend zur Jahreszeit, Stempeldruck)

### Schuhgröße

(Fußabdruck mit ausgedrucktem Lineal)

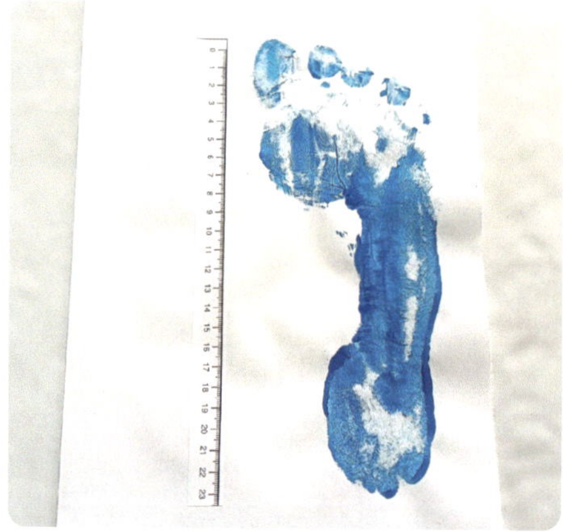

### Meine Haarfarbe

(Klebebild mit Wollhaaren und Echthaarsträhne)

## Meine Körpergröße

(Faden mit Länge der Körpergröße als Spirale aufgeklebt)

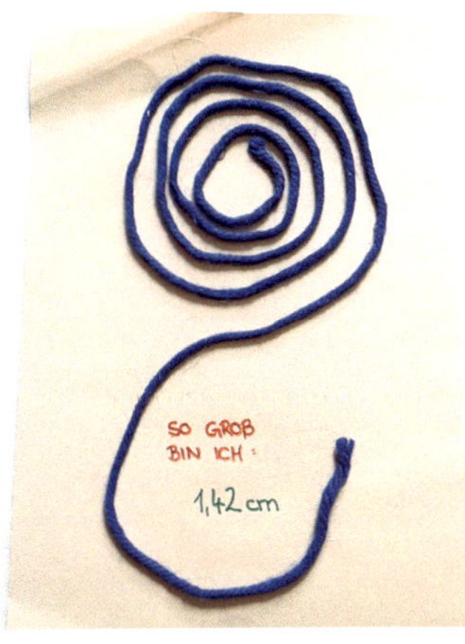


## Meine Augenfarbe

(Schnipsel-Bild aus gerissenem Papier)

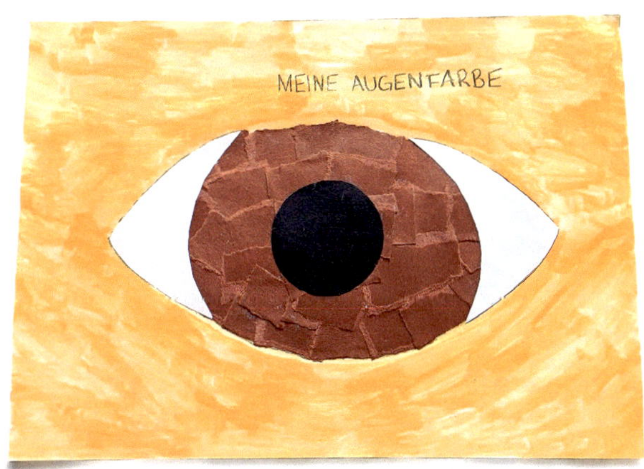


## Mein Fingerabdruck

(mehrere Fingerabdrücke mit Lupe als „Fahndungsbild“)

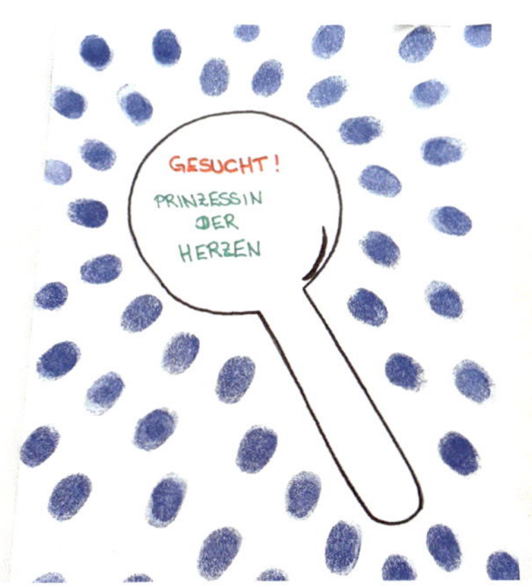


## Mein Lieblingstee

(grüner Fingerabdruck = mag ich sehr)

# Umriss Mensch

# Bildkarten: Körperteile (1/2)

**Hinweis:** Vergrößern Sie die Bildkarten nach Bedarf, beschriften Sie diese selbst, nehmen Sie farbliche Markierungen vor und setzen Sie Pfeile, um Körperteile zu markieren.

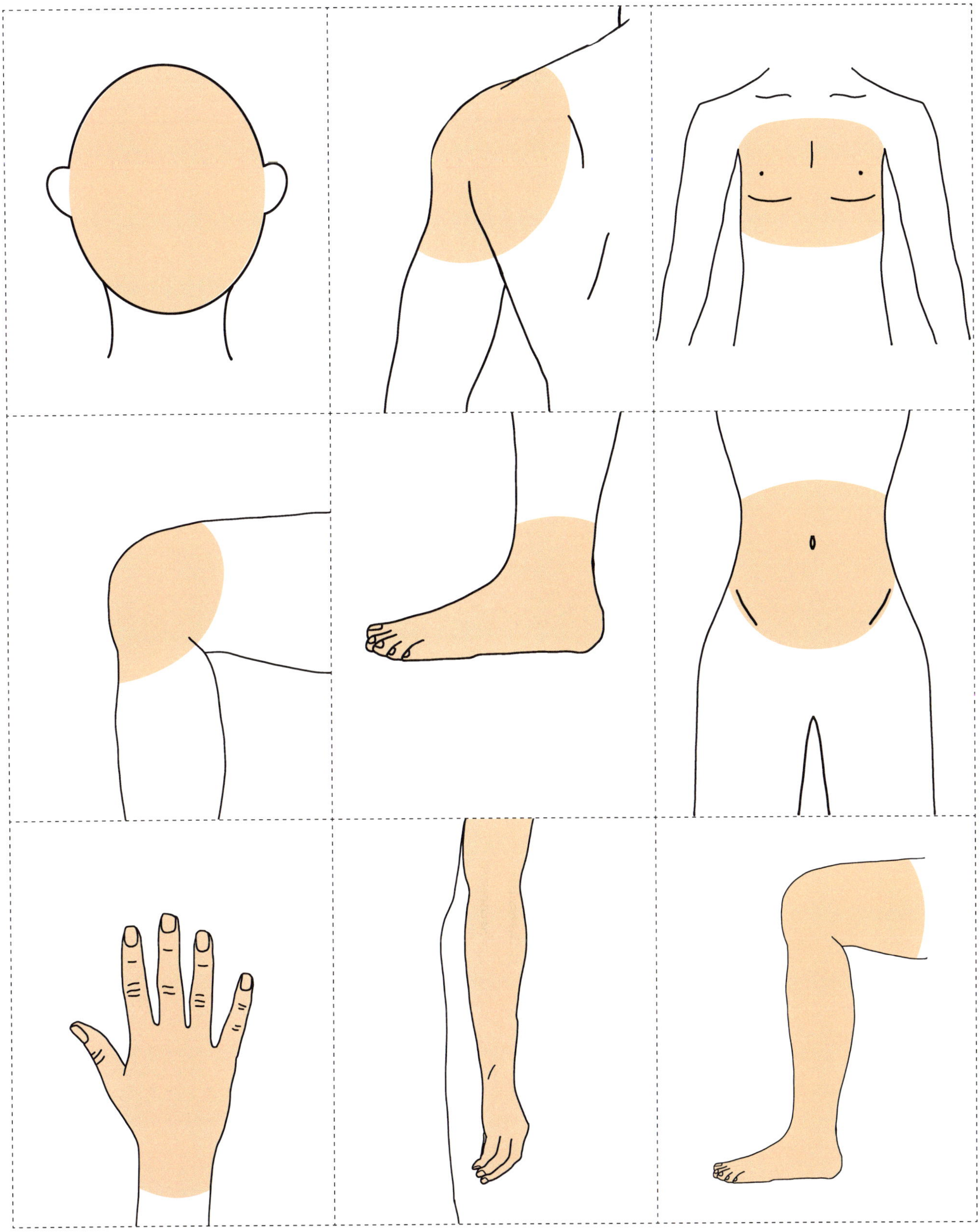

# Bildkarten: Körperteile (2/2)

**Hinweis:** Vergrößern Sie die Bildkarten nach Bedarf, beschriften Sie diese selbst, nehmen Sie farbliche Markierungen vor und setzen Sie Pfeile, um Körperteile zu markieren.

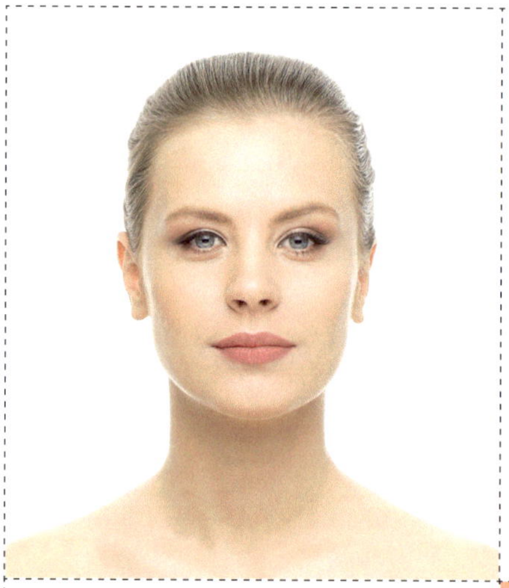

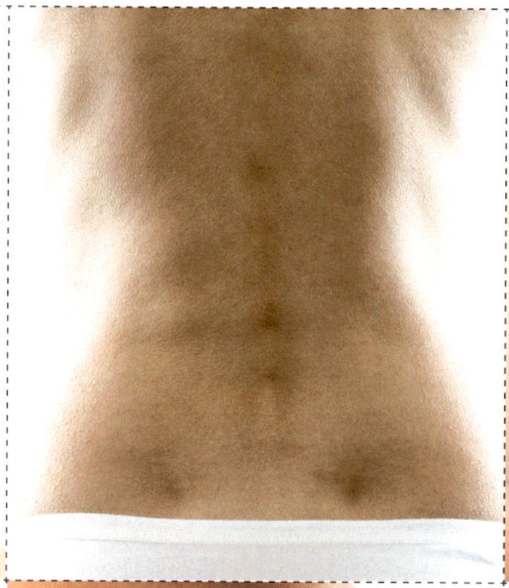

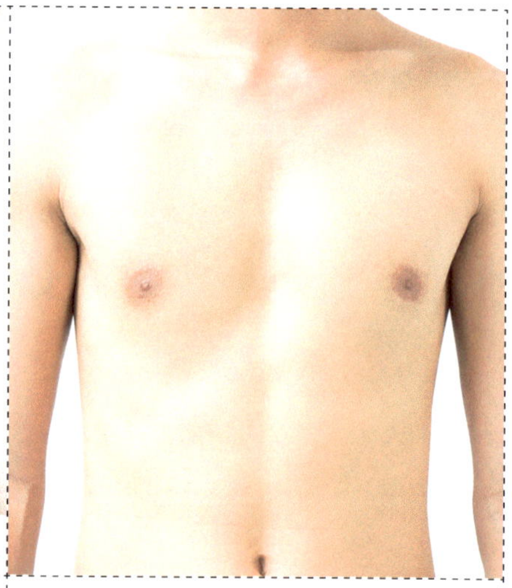

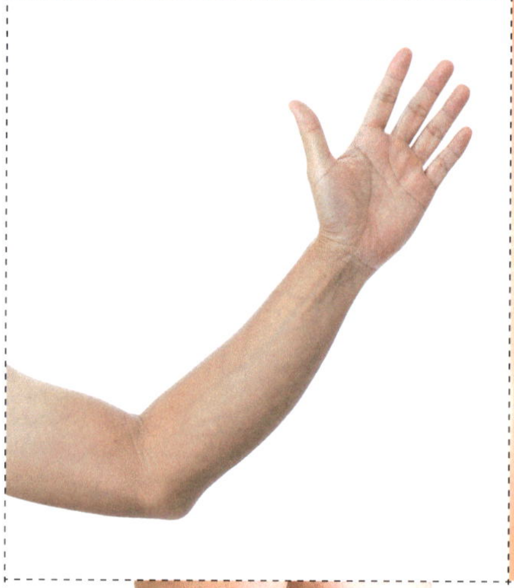

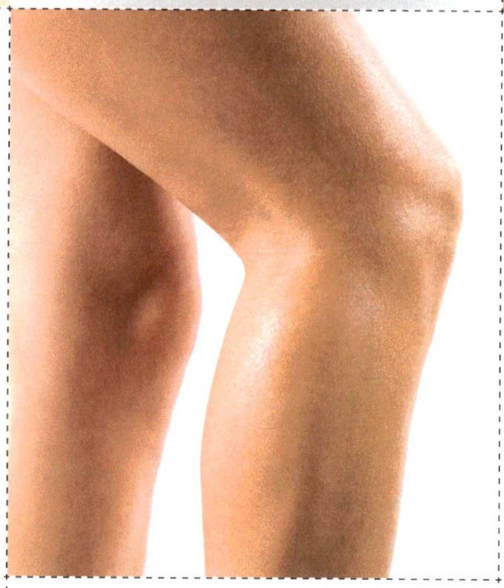

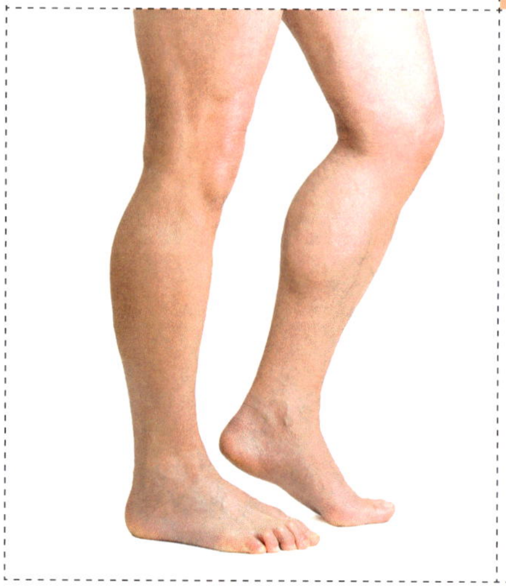

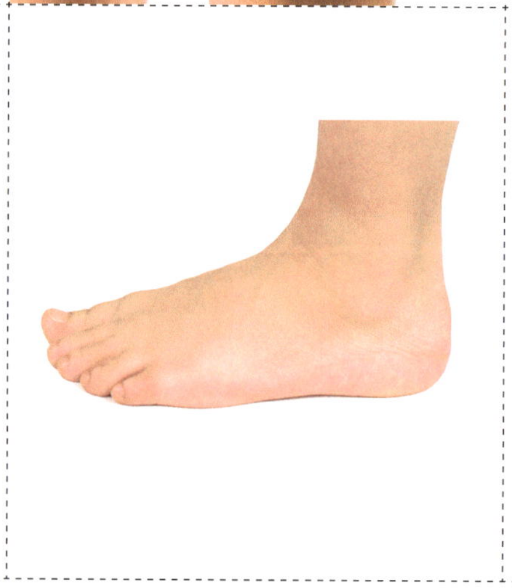

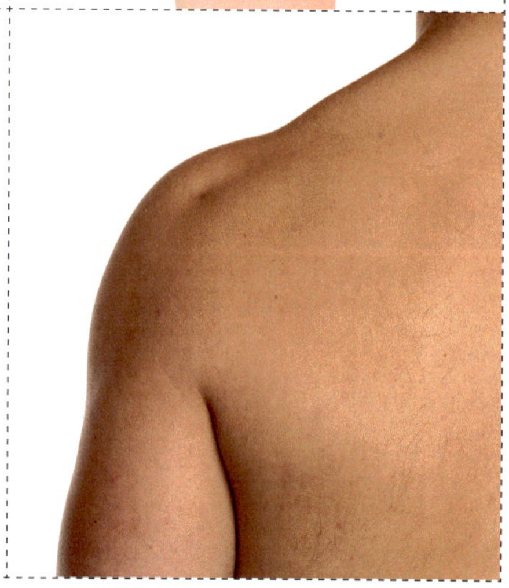

# Körperreise

Du liegst auf deinem Rücken.
Du spürst den Boden unter dir.
Atme tief ein und aus – tief ein und aus.

Wenn du möchtest, kannst du die Augen schließen.

Wir beginnen die Reise durch deinen Körper.
Spüre, wie dein Kopf auf dem Boden liegt.
Vom Kopf geht es den Hals entlang zu deinen Schultern.
Spüre, wie deine Schultern auf dem Boden liegen.

Wir reisen nun deinen rechten Arm entlang zur rechten Hand. Spüre dort deine Finger. Daumen, Zeigefinger, Mittelfinger, Ringfinger und kleiner Finger.
Von der Hand geht es wieder hoch zur Schulter und nun den linken Arm entlang.
Spüre deine linke Hand und ihre Finger.

Es geht wieder den linken Arm hinauf zur Schulter.

Atme 3-mal tief ein und aus, ein und aus, ein und aus.
Spüre, wie dein Atem deine Brust und deinen Bauch füllt.
Fühle, wie dein Bauch sich beim Einatmen etwas hebt und beim Ausatmen etwas kleiner wird.

Atme tief ein und aus – tief ein und aus.

Wir reisen weiter zu deinem Po.
Spüre, wie dein Po den Boden berührt.

Vom Po aus geht es weiter zu deinem rechten Bein.
Wir reisen das rechte Bein entlang zu deinem rechten Fuß.
Spüre, wie dein Fuß den Boden berührt.

Wir gehen das rechte Bein wieder hinauf und reisen nun das linke Bein hinunter.
Spüre auch, wie dein linker Fuß den Boden berührt.

Atme noch einmal ganz tief ein und aus – tief ein und aus.
Genieße die Ruhe und spüre deinen Atem.

Nun beenden wir langsam unsere Körperreise.
Wackle ganz leicht mit dem Kopf hin und her.
Zapple ein wenig mit den Fingern und mache eine Faust.
Wackle mit deinen Füßen.

Öffne deine Augen und setze dich hin.
Von deiner Reise in deinem Körper bist du nun wieder im Raum zurück.

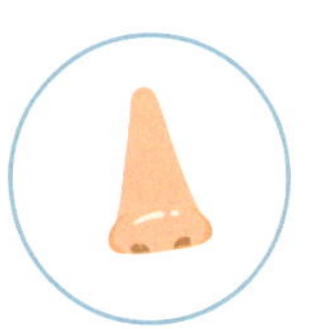

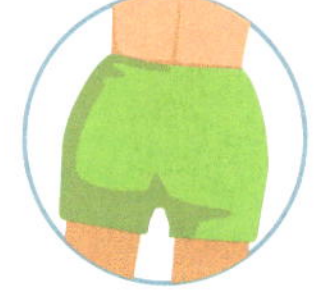

# Ereigniskarten

**Hinweis:** Nutzen Sie die Freikarten für eigene Aufgabenstellungen.

| | | |
|---|---|---|
| Nenne ein Körperteil, welches du nur einmal hast. *(z. B. Nase)* | Schließe die Augen. Ein anderes Kind sagt deinen Namen. Wer war es? | Zwinkere einmal mit deinen Augen. |
| Nenne ein Körperteil, welches du 2-mal hast. *(z. B. Arme)* | Zeige, wie groß du bist! Strecke und recke dich so hoch es geht. | Klatsche dreimal in die Hände. |
| Mit welchem Körperteil kannst du stampfen? *(z. B. Fuß)* | Quake wie ein Frosch. | Strecke deine Arme aus und fliege wie ein Flugzeug. |
| Mit welchen Körperteilen kannst du klatschen? *(z. B. Hände)* | Singe eine Strophe deines Lieblingsliedes. | Hüpfe auf einem Bein. |
| Was ist die Steuerzentrale des Körpers? *(Gehirn)* | Mache eine Bewegung vor. Alle anderen sollen sie nachmachen. | |
| Warum ist dein Blut immer in Bewegung? *(Pumpen des Herzens)* | Erzähle einmal: Was kannst du richtig gut? | |
| Wo landet das Essen, wenn wir es herunter-geschluckt haben? *(z. B. Magen)* | Wie alt bist du? Wo wohnst du? | |

# 2. „Ich bin ich und ich bin stark“

# Sinnespfad „Ich bin ich und ich bin stark“

Als Einstieg bietet es sich bei älteren Lernenden an, bereits bewältigte Herausforderungen aus ihrem bisherigen (Schul-)Leben aufzugreifen. Alternativ werden reale Erfolgsgeschichten, bei denen Freundinnen, Freunde oder die Familie beim Verwirklichen von Träumen halfen, genutzt (z. B. gibt es Internetberichterstattungen zum 800 km langen Jakobspilgerweg, welcher von Personen mit Rollstuhl bewältigt wurde).
Beziehen Sie bei jüngeren Lernenden das Klassenmaskottchen, ein anderes Kuscheltier oder das Ameisenbild von S. 28 ein. Dieses erzählt den Schüler*innen von sich. Tauschen Sie die Erlebnisse in der unten stehenden Erzählung gerne durch eigene Beispiele aus.

> Wisst ihr was? Mich gibt es nur einmal auf dieser Welt … dich auch und dich auch. Wir alle sind etwas ganz Besonderes. Meine Augen/Haare/… finde ich z. B. richtig megatoll. Es gibt auch superviele Dinge, auf die ich stolz bin: Gestern bin ich das erste Mal Rollschuh gefahren. Ich habe mich nie getraut. Das sieht nämlich ganz schön wackelig aus. Um ehrlich zu sein, es ist auch wackelig und ich bin am Anfang immer mal auf meinen Po gefallen. Ich habe ja aber meine Schützer und den Helm, da kann nicht so viel passieren. Außerdem habe ich mir ganz fest vorgenommen, jetzt jeden Tag ein bisschen zu üben. Dann klappt das sicher bald viel besser.
> Soll ich euch mal etwas verraten? Manchmal bin ich mir nicht so sicher, ob ich etwas schaffen kann. Meine Lieblingsschuhe z. B., die haben Schnürsenkel. Hui, war das schwer! Immer wieder hat die Schleife nicht gehalten. Das war blöd. Mein*e Freund*in/Meine Eltern haben mir aber geholfen und mit mir geübt. Wenn ich alles blöd fand, haben sie gesagt, wie lieb sie mich haben und dass ich es später noch einmal probieren soll. Und was soll ich sagen: Jetzt kann ich Schleifebinden! Dass mal etwas nicht klappt, gehört dazu. Immer wenn ich ein bisschen Angst vor etwas habe oder vor einer Herausforderung stehe, hole ich meine Mutkarten aus der Hosentasche, halte sie ganz fest in der Hand und denke an etwas sehr Schönes. Dann weiß ich wieder, dass ich mit Geduld, Übung, Glaube an mich selbst und Liebe so vieles schaffen kann.
> – Los geht's!

Menschen sind im Alltag verschiedenen Belastungen ausgesetzt, seien es Nachrichten zu Krisen in der Welt oder respektlose Worte des Gegenübers. Die Fähigkeit, damit widerstandsfähig umzugehen und sich, dessen ungeachtet, positiv weiterzuentwickeln, bezeichnet der Begriff Resilienz.

Stabile emotionale Beziehungen, Gefühlsregulation, ausgeprägte Selbstwahrnehmung und Problemlösekompetenz sind beispielsweise resilienzfördernde Ressourcen. Man könnte sagen, Resilienz ist das Immunsystem der Seele. Indem Lernende sich immer besser kennenlernen, sich ihrer Stärken bewusst werden und eine liebevolle Zuwendung erfahren, wird Ihnen Handwerkszeug mit an die Hand gegeben, um für das Leben gewappnet zu sein.

Wertschätzende Rückmeldungen von Mitmenschen inkludiert, können Schüler*innen mit dem nachfolgenden Sinnespfad

- Entwicklungsfortschritte bejahend erleben,
- sich mit sich selbst und ihren Stärken auseinandersetzen,
- ihre eigenen und die Bedürfnisse anderer respektieren lernen,

- Achtung vor sich und anderen weiterentwickeln,
- Lebenszutrauen aufbauen,
- ihr Selbstwertgefühl durch persönliches Handeln stärken.

## Mutmach-Bewegungsgeschichte

### Material

- ✔ Kopiervorlage „Mutmach-Bewegungsgeschichte: Die Ameise und der Bär“ (siehe S. 27)
- ✔ Bildvorlagen „Ameise und Bär“ (siehe S. 28)
- ✔ lerngruppenangepasst: Rucksack (ca. 2 kg), kleine Sandsäckchen, Naturmaterialien, Slalom-Kegel
- ✔ optional Bastelmaterial, Schere

### Umsetzung

Bereiten Sie mit den Beispielen aus der Bewegungsgeschichte „Die Ameise und der Bär“ S. 27 lerngruppenangepasste Bewegungsangebote (optional im Freien) vor. Knüpfen Sie an die einführenden Worte von S. 22 an und lesen Sie die Bewegungsgeschichte vor. Die Lernenden vollziehen die Geschichte durch Bewegungsangebote nach und sprechen den Mutvers am Ende laut mit.

Basteln Sie gerne aus drei ausgeschnittenen, schwarzen Kreisen Ameisen.



## Ich passe auf mich auf!

### Material

- ✔ Kopiervorlage „Mein unsichtbarer Super-Schutzanzug“ (siehe S. 29)
- ✔ optional: Sinnesmitte mit bunten Tüchern, Fahrradhelm, Baumfigur, Herz (z. B. aus Plüsch), Kissen, Mund (oder Sprechblase als Bild), kleiner Ball, Smiley-Gesicht, Wasserflasche, Apfel

### Material zur Differenzierung

- ✔ Chiffontücher oder selbst bedrucktes Geschenkpapier
- ✔ persönliche Glücklichmacher als Gegenstand oder Wort

### Umsetzung

Gestalten Sie mit den oben genannten Utensilien eine Sinnesmitte und legen Sie zunächst den Fahrradhelm dazu. Überlegen Sie mit den Lernenden, wann und wer einen Super-Schutzanzug benötigt (z. B. Feuerwehrleute, Fahrradfahrer*innen). Nehmen Sie die Ideen der Lernenden auf und besprechen Sie, dass jeder Mensch helfende Menschen an seiner Seite hat, aber auch (und insbesondere) für sich selbst verantwortlich ist. Erklären Sie die unsichtbaren Super-Schutzanzüge, die jeden Menschen beschützen:

> „Lieber Körper, ich achte auf dich.
> Du bist toll und so wichtig für mich!“

*„Was uns dabei hilft, auf unseren Körper aufzupassen, ist ein unsichtbarer Super-Schutzanzug. Das nennt man Immunsystem.“*

Sammeln Sie mit den Lernenden Dinge, die glücklich machen und helfen, den Körper zu stärken. Legen Sie dazu Symbolbilder zur Sinnesmitte dazu und besprechen diese:

- **Helm:** Tue Dinge, die dich glücklich machen (z. B. Tanzen). Was ist dein besonderer Schutzhelm?
- **Baum:** Gehe oft an die frische Luft.
- **Herz:** Verbringe Zeit mit Menschen, die du liebst und die dich lieben.
- **Kissen:** Schlafe ausreichend.
- **Sprechblase:** Sage, wenn dich etwas bedrückt.
- **Ball:** Bewege dich ausreichend.
- **Smilie:** Lache, so oft du kannst.
- **Wasser:** Trinke ausreichend.
- **Apfel:** Iss gesundes Essen.

### Differenzierungsmöglichkeiten

Ergänzend kann die Ameise mit Schutzhelm auf der Kopiervorlage (siehe S. 29) nachgespurt und ausgemalt werden. Die Teile des Super-Schutzanzugs werden notiert. Fördern Sie das Gespräch unter den Lernenden darüber, dass jede*r einen anderen Helm trägt. So können Dinge, die uns glücklich machen, verschieden sein (z. B. Tanzen, Malen, Schwimmen ...).

> „Das Wichtigste für dich bist DU!
> Das beste Geschenk, das du dir machen kannst,
> ist, auf dich aufzupassen!"

Gestalten Sie mit Chiffontüchern oder Geschenkpapier-Pakete, die persönliche Glücklichmacher als Gegenstand oder Wort enthalten (z. B. der Lieblingspullover).

## Ich kenne meine Stärken!

### Material

- ✔ Ringbuchmappe
- ✔ Tonpapier, Bastel-, Mal- und Schreibutensilien
- ✔ Kopiervorlage „Meine Stärken" (siehe S. 30)

### Umsetzung

Fragen Sie die Lernenden, was sie gut können und/oder worauf sie stolz sind. Lassen Sie die Schüler*innen das Meine-Stärken-Blatt (siehe S. 30) ausfüllen. Die unten stehende Stärkenliste hilft dabei.

Für nicht schriftlesende Lernende kann das Blatt ausgefüllt oder mit Bildern bemalt werden. Darüber hinaus können Sie eine Kompetenzmappe erstellen (Dinge, die sie schon im Haushalt/bei der Körperpflege/... allein können, Sammeln von Arbeitsaufträgen, auf welche sie stolz sind usw.).

> „Niemand ist allein
> und niemand ist zu klein,
> um ganz groß zu sein!"

### Stärkenliste

abenteuerlustig • anstrengungsbereit • aufmerksam • ausdauernd • ausgeglichen • bezaubernd • cool • durchsetzungsstark • ehrgeizig • ehrlich • energiegeladen • engagiert • entspannt • fair • fleißig • friedlich • fröhlich • fürsorglich • geduldig • gelassen • gerecht • geschickt • gesellig • gutmütig • heiter • herzlich • hilfsbereit • höflich • humorvoll • ideenreich • kameradschaftlich • kämpferisch • kommunikativ • kontaktfreudig • konzentriert • kreativ • lebensfroh • lebhaft • liebevoll • locker • mitarbeitend • mitfühlend • musikalisch • mutig • modebewusst • naturverbunden • offen • optimistisch • ordentlich • organisiert • pflichtbewusst • problemlösend • pünktlich • reflektiert • reif • rücksichtsvoll • schlagfertig • schnell • selbstständig • sensibel • sorgfältig • sorgsam • spontan • sportlich • stark • teamfähig • tolerant • verzeihend • witzig • zielstrebig • zuverlässig

## Ich liebe und werde geliebt!

### Material

- ✔ Rezept für „Waffelteig“ und dort aufgeführte Zutaten und Utensilien (siehe S. 31)
- ✔ Waffeleisen (gerne mit Herzform)
- ✔ Mutmach-Karten (siehe S. 32), gedruckt auf Tonpapier

### Umsetzung

Laden Sie die Schüler*innen ein, an Menschen zu denken, die sie sehr lieb haben. Reflektieren Sie, dass man dabei auch an sich selbst denken soll.

> „Ich glaube an mich,
> ich glaube an dich!
> Ich hab mich lieb,
> ich hab dich lieb.
> Ich bin so froh, dass es uns gibt!“

Drucken Sie die Mutmach-Karten auf Tonpapier. Sie erinnern daran, geliebt zu sein. Sie schenken Kraft, geben Mut und unterstützen den Glauben an sich selbst. Sie können ausgeschnitten in die Hosentasche gesteckt oder auch fest ans Herz gedrückt werden. So begleiten Sie in herausfordernden Situationen.

Besprechen Sie mit den Lernenden, dass es wichtig ist, sich Zeit füreinander zu nehmen und schöne Dinge miteinander zu erleben: Waffelbacken zum Beispiel!

Bereiten Sie die Waffeln anhand des Rezeptes zu und beachten Sie Anwendungshinweise des Waffeleisens. Individuell werden die Waffeln mit Puderzucker bestreut und können, ggf. mit Kakao getränkt, zum Essen gereicht werden.

## Ich kann so vieles schaffen!

### Material

- ✔ Rezept „Bärenstarke Mutmach-Limo“ und dort aufgeführte Zutaten (siehe S. 33)
- ✔ weißes Papier, Schreibutensilien

### Umsetzung

Zeigen Sie den Lernenden das weiße Papier und stellen Sie ihr Anliegen vor: Die Lerngruppe soll Situationen sammeln, die einmal herausfordernd waren, es nun aber nicht mehr sind. Aufregende Dinge und Erlebnisse, vor denen man einmal Angst oder Sorge hatte, diese aber nun überwunden hat. Dinge, die beim ersten Mal nicht geklappt haben, die man aber nun gut kann (Fahrradfahren lernen, der erste Schultag, allein bei einem Freund übernachten ...). Schreiben, kleben oder malen Sie diese Situationen mit den Schüler*innen zusammen auf. Besprechen Sie, dass das alles Dinge sind, die bereits im Leben erreicht und geschafft wurden. Fragen Sie die Lernenden, was ihnen dabei geholfen hat. Beziehen Sie die Kopiervorlage „Bärenstarke Mutmach-Limo“ ein und bereiten Sie diesen gemeinsam zu.

### Differenzierungsmöglichkeiten

Zeigen Sie den Lernenden die Superhelden-Pose (hüftbreit die Beine auseinander, Kopf erhoben, Hände in die Hüfte). Fragen Sie die Lernenden, wie sie sich fühlen, wenn sie in dieser Pose stehen. Besprechen Sie, dass diese Pose Selbstbewusstsein verleiht. Viele Menschen fühlen sich in dieser Pose selbstsicherer. Die Körperhaltung, Mimik und Gestik beeinflusst unser Gegenüber, aber auch uns selbst. Beispielsweise tricksen wir unser Gehirn auch aus und die Stimmung verändert sich, wenn wir aktiv und bewusst für 10 Sekunden lächeln.

## Ich höre auf mein Herz!

### Material

- ✔ Fantasiereise (siehe unten)
- ✔ Musikabspielgerät mit instrumentaler Entspannungsmusik (ca. 2 Minuten)

### Material zur Differenzierung

- ✔ Mal- und Bastelutensilien mit Buntpapier und Papptellern
- ✔ Locher, Schnüre, Kleber, Schere

### Umsetzung

Führen Sie das Thema lerngruppenangepasst ein. Dazu basteln Sie Heißluftballons aus Papptellern (siehe unten) und lassen diese am Fenster fliegen.
Dämpfen Sie das Licht im Raum und stimmen Sie die Lernenden ein, einer Fantasiereise zu lauschen, in der sie auf ihr Herz hören und sich selbst etwas ausdenken können. Lesen Sie die Fantasiegeschichte vor und spielen Sie an vorgegebener Stelle leise Instrumentalmusik an, welche zum Träumen einlädt.

### Differenzierungsmöglichkeit

Die Lernenden bestreichen mit Pinsel oder Fingern/Händen einen Pappteller in ihren Lieblingsfarben. Je nach feinmotorischer Schwerpunktlegung reißen, schnipseln, schneiden oder knüllen die Lernenden aus Buntpapier Teilstücke, welche sie auf den Pappteller kleben.
Ein Trapez aus braunem Papier bildet den Ballonkorb, welcher mit Schnüre am Pappteller als Heißluftballon befestigt wird.

**Fantasiereise:**

**„Heißluftballonfahrt“**

Wenn du magst, schließe deine Augen. Stelle dir vor, du bist auf einer Wiese und atmest angenehmen Blumenduft ein. Die Sonne scheint. Du beobachtest kleine Wolken am blauen Himmel und erblickst in der Ferne einen bunten Heißluftballon. Immer näher kommt der Heißluftballon zur Wiese geflogen. Der Ballon landet dann auf der Wiese und der Fahrer lädt dich ein, einzusteigen und mit ihm eine Reise zu machen.

Atme einmal tief ein und aus. Atme noch einmal durch die Nase tief ein und durch den Mund wieder aus.

Tief ein- und ausatmen.

Du steigst nun in den Heißluftballon ein und fliegst hoch in den Himmel. Du schwebst über die Wiese zum großen Wald. Du spürst den Wind, der leicht durch deine Haare weht.

Oben bei den Wolken sind deine Gedanken frei.

Lege nun gerne deine Hände auf dein Herz und spüre, ob du es sprechen hörst. Nur du kannst dein Herz sprechen hören. Spüre ganz tief in dich hinein und lasse Gedanken, Gefühle oder Bilder von deinem Herzen in deinen Kopf. Höre dein Herz sprechen und träume etwas vor dich hin.

*(instrumentale Entspannungsmusik)*

Fliege nun noch ein Stück mit dem Heißluftballon zurück zur großen Wiese. Unten auf der Wiese warten schon deine Freunde und Freundinnen auf dich. Gleich kannst du ihnen von deinen Träumen und Wünschen erzählen.

Langsam sinkt der Heißluftballon zu Boden. Unten angekommen, steigst du aus. Atme noch einmal tief ein und aus. Der Heißluftballon fliegt wieder los und steigt hoch in den Himmel. Du schaust ihm hinterher. Öffne deine Augen.

# „Die Ameise und der Bär“

Lesen Sie zunächst die fett gedruckte Geschichte vor und zeigen Sie, passend dazu, die Abbildungen von S. 28. Beim zweiten Vorlesen führen die Lernenden nach Besprechung die Bewegungen aus.

Es gibt kleine Tiere und es gibt große Tiere.
(in die Hocke gehen/sich klein machen, auf die Zehenspitzen stellen und Arme in die Luft strecken)

Ihr denkt, die kleinen Tiere sind so klein und schwach? Dann schaut mal her und hört gut zu, was die kleine Ameise alles kann.
Die Ameise ist richtig stark. Sie trägt Blätter, die viel schwerer sind als sie selbst.
(Rucksack aufsetzen und tragen, kleine Säckchen auf dem Kopf balancieren u. Ä.)

Die Ameise weiß, dass man vieles zusammen besser schafft. Gemeinsam baut sie mit anderen Ameisen einen großen Ameisenhügel.
(gemeinschaftlich einen Ameisenhügel aus verstreuten und dann eingesammelten Naturmaterialien, alternativ Weinkorken oder Klemmbausteinen bauen)

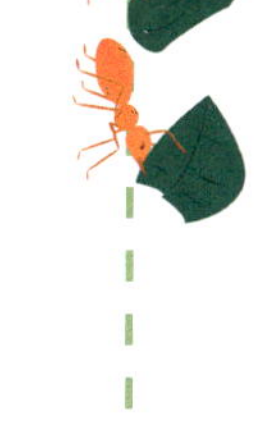

Die Ameise ist richtig schlau. Sie kann sich Wege gut merken und findet immer zum Futter sowie zu ihrem Ameisenhügel zurück.
(lerngruppenangepasster Parcours mit Slalom-Kegeln zum Ameisenhügel o. Ä.)

Natürlich gibt es auch große Tiere wie den Bären. Der Bär ist auch sehr stark. Wenn wir uns so groß wie ein Bär machen wollen, laufen wir mit festen, langsamen Schritten und halten den Kopf hoch. Die Schultern sind leicht nach hinten gezogen und unsere Brust frei.
(mit gerade, stolzer Haltung durch den Raum gehen)

Die Ameise und der Bär wissen beide:
Egal, ob groß oder klein:
Ich bin nicht allein.
Manches kann ich nicht und manches ziemlich gut,
ich werde geliebt und habe Mut!
(Die Lernenden sprechen den Vers laut mit und können dazu Bewegungen ausführen oder Gebärden z. B. „groß und klein“ zeigen, Gebärde für „toll/gut gemacht“ und Hände auf die Brust bzw. das Herz legen für „Liebe“.)

# „Ameise und Bär“

# Mein unsichtbarer Super-Schutzanzug

*Mit ihm bin ich superstark!*

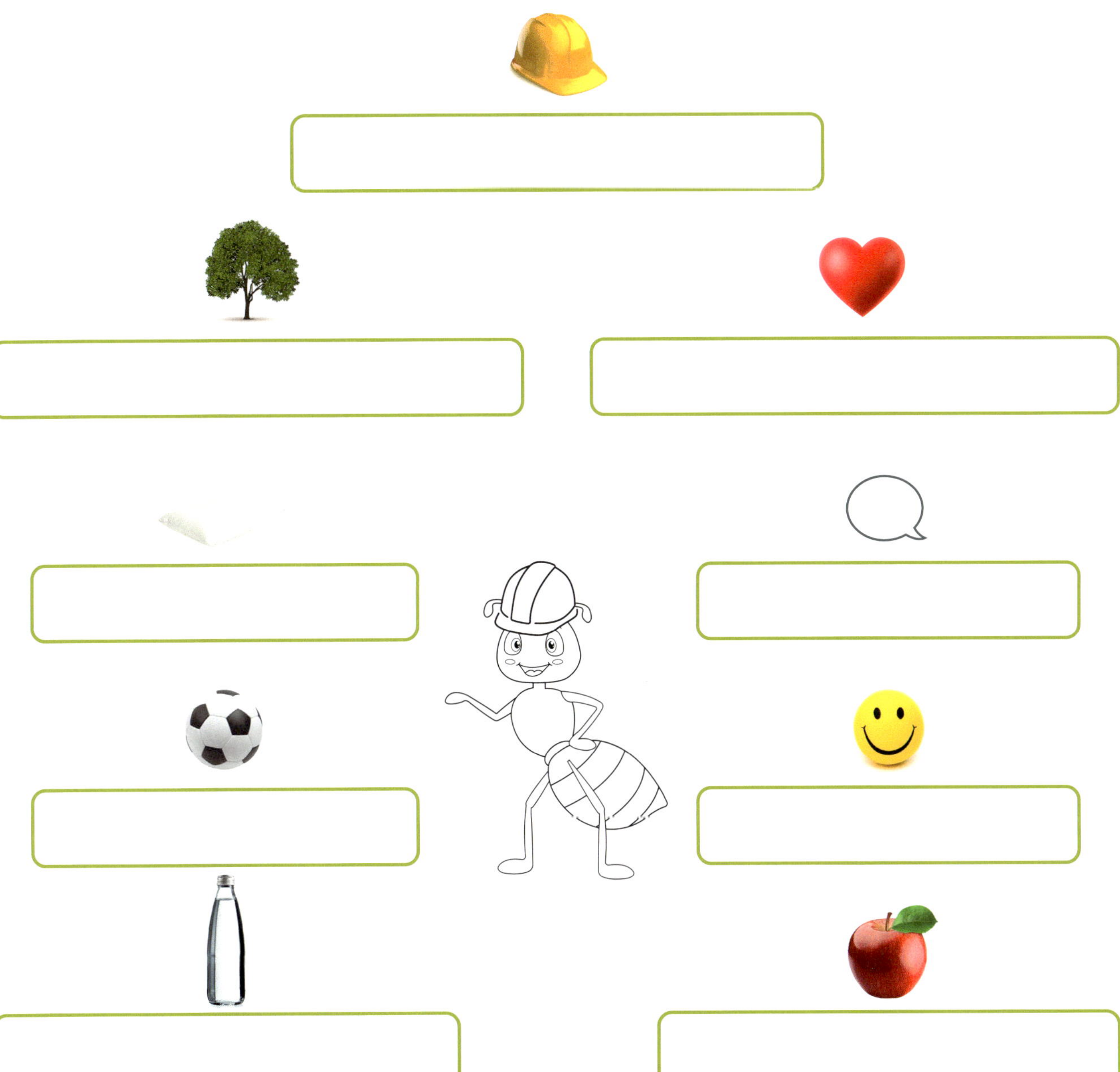

Was brauchst du, um gut auf dich selbst aufzupassen?
Schreibe auf.

| Schlaf | viel trinken | frische Luft | Bewegung |
|---|---|---|---|
| lachen | gesundes Essen | liebe Menschen | reden |

# Meine Stärken

# Waffelteig (etwa 10 Stück)

## Zutaten

## Anleitung

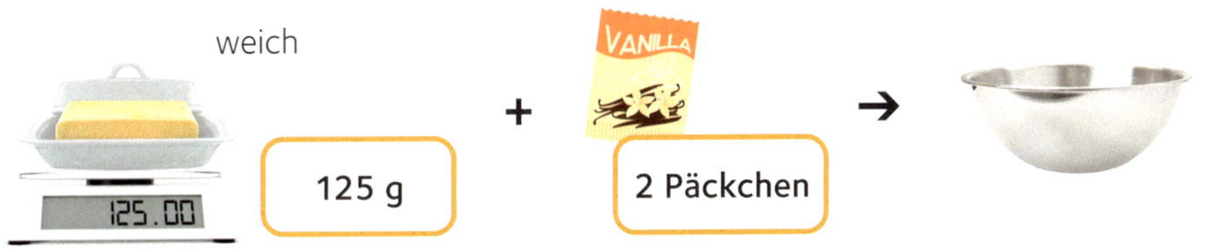

weich 125.00 125 g + Vanilla 2 Päckchen →

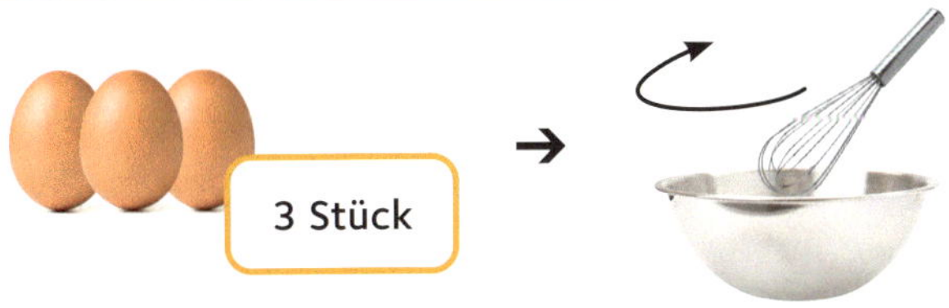

3 Stück → alle Eier in die Schüssel schlagen

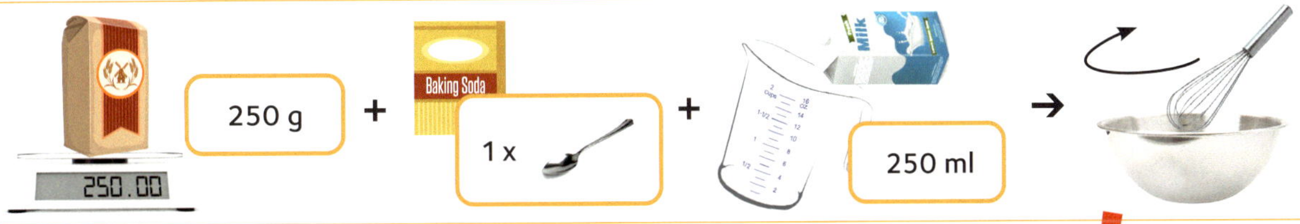

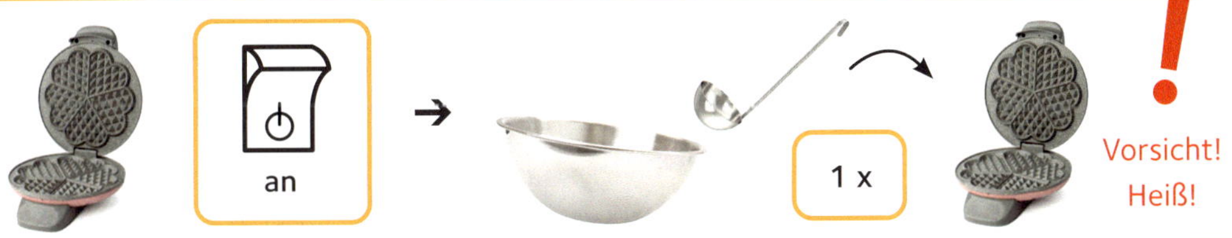

250.00 250 g + Baking Soda 1 x + Milk 250 ml →

an → 1 x Vorsicht! Heiß!

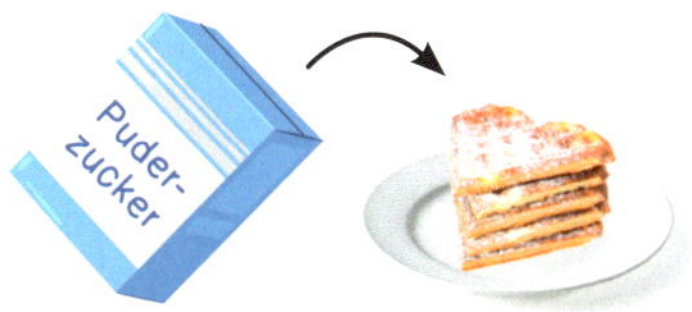

Puder-zucker

Bestreuen Sie die Waffeln mit Puderzucker.

**Guten Appetit!**

# Mutmach-Karten

Ich passe auf mich auf!

Ich höre auf mein Herz!

Ich liebe und werde geliebt!

Ich kenne meine Stärken!

Ich kann so vieles schaffen!

Ich bin wichtig!

# Bärenstarke Mutmach-Limo

# 3. „Meine Gefühle, deine Gefühle“

# Sinnespfad „Meine Gefühle, deine Gefühle"

*„Im Wort ‚Gefühle' steckt ‚fühlen', das heißt ‚empfinden'. Gefühle sind Empfindungen, die einfach da sind. Jeder Mensch hat sie. Gefühle entstehen als Reaktion auf etwas, was wir erleben.*
*Manchmal kann man auch sehen, wie sich jemand fühlt. Ein Mensch lacht, wenn er sich freut. Er weint, wenn er traurig ist, oder zittert vor Angst.*
*Ein schönes Gefühl ist die Freude. Manche sagen auch, es ist ein angenehmes Gefühl. Wer sich freut, strahlt es aus. Der Körper fühlt sich gut und leicht an. Freude ist ein Starkmach-Gefühl.*
*Ein Gefühl, das man nicht so gerne fühlt, ist die Trauer (Traurigkeit). Manche sagen auch, es ist ein unangenehmes Gefühl. Traurigkeit gehört genauso zu dir wie die Freude. Alle Gefühle sind nämlich wichtig, auch wenn sich manche eher schwer und unangenehm anfühlen.*
*Sie sind wie kleine Kompasse im Körper. Gefühle zeigen uns den Weg und helfen. Angst z. B. erinnert uns an eine Gefahr und lässt uns vorsichtig werden."*

„Sie sind einfach da, weder falsch noch richtig,
unsere Gefühle sind wichtig!"

Menschen, die als emotional kompetent gelten, können mit eigenen und den Emotionen anderer angemessen umgehen. Sie drücken Emotionen durch Mimik, Gestik sowie Lautsprache (sowie Unterstützte Kommunikation) aus, verstehen sie und können sie regulieren. Weiterhin sind diese Menschen empathisch, das heißt, sie erkennen die Gefühlslage des Gegenübers und können sich einfühlen.

Im folgenden Sinnespfad findet eine didaktische Reduktion auf den umgangssprachlichen Begriff „Gefühl" statt. Gefühle als momentanes Fühlen sind jedoch nur Teil von Emotionen, die die Gesamtheit aus Gefühl, körperlicher Reaktion und Denkprozessen darstellen.

Das Augenmerk liegt zunächst auf der

- **Freude** – verbunden mit der Bedeutsamkeit des Einsammelns von Glücksmomenten
- **Trauer** (Traurigkeit), welche Bedürfnisse anzeigt und ernst genommen werden muss

Des Weiteren werden fokussiert:

- **Angst** steht zusammen mit Mut und sollte beschützen, aber nicht lähmen.
- **Ekel**, der eine große Abneigung aufzeigt und uns schützt
- **Wut und Ärger**, die etwas ablehnen und Grenzen zeigen, aber auch angemessen ausgedrückt helfen, sich zu behaupten
- **Überraschung**, die anderen Gefühlen oft vorausgeht

Im eigenen Erleben und im Zusammensein mit anderen lernen Kinder den Umgang mit dem breiten Spektrum der Gefühlswelt. Grundlage bilden Erfahrungen, offene Kommunikation (auch über Strategien zur Gefühlsverarbeitung) und das Vertrauen, angenommen zu sein.
Wertschätzende Rückmeldungen von Mitmenschen inkludiert, können Schüler*innen mit dem nachfolgenden Sinnespfad:

- Gefühle bei sich selbst und anderen Menschen wahrnehmen,
- lernen, Gefühle einzuordnen, anzunehmen, sie auszudrücken und zu benennen,
- Unterschiede zwischen Gefühlen entdecken und zunehmend differenzierte Begriffe finden,
- die Schutzfunktion von Gefühlen erkennen und Techniken zur Gefühlsregulation kennenlernen,
- Gefühle bildnerisch und musisch erleben.

## Gefühlsgeschichte mit Malreim

### Material

- ✔ Kopiervorlage „Die kleine Spinne …“ (siehe S. 45)
- ✔ optional (künstlicher) Grasausschnitt, Tierfiguren Spinne, Biene und Marienkäfer

### Material zur Differenzierung

- ✔ weißes Papier, DIN-A4-Format
- ✔ buntes Tonpapier (gelb, blau)
- ✔ Schere, Kleber, Bleistift, schwarzer Filzstift, Schreibstift
- ✔ Malutensilien, optional Pipetten und Wattepads
- ✔ Malreim „Kleine Spinne“ (siehe Kasten rechts)
- ✔ optional Handspiegel und Fotos von Menschen mit traurig und fröhlich wirkender Mimik (siehe S. 50)

### Umsetzung

Als Einstimmung auf die Geschichte kann eine Sinnesmitte mit einem Grasausschnitt und drei Tierfiguren (Spinne, Biene, Marienkäfer) dienen. Möglicherweise werden hier von den Lernenden schon Gefühlsregungen gezeigt (Freude, Angst …).

Die Geschichte von der kleinen Spinne Susi wird langsam vorgelesen. Lassen Sie danach die Geschichte nacherzählen und besprechen Sie diese. Zunächst kann eine Reduktion auf die Gefühle Freude und Trauer (Fröhlich- und Traurig-sein) erfolgen.

Impulse für eine Auseinandersetzung können beispielsweise sein:

- ○ Wie fühlt sich Susi am Anfang der Geschichte? Wie könnte ihr Gesicht gerade aussehen? Zeig mal.
- ○ Warum denkst du, dass Susi fröhlich/traurig ist? Was ist passiert?
- ○ Wie fühlt sich Susi am Ende der Geschichte? Bist du auch manchmal traurig/fröhlich?
- ○ Wie ist das, wenn du traurig/fröhlich bist? Was machst du dann? Was hilft dir dann?

### Differenzierungsmöglichkeiten

Greifen Sie Elemente der Geschichte auf, um die Gefühle Freude und Trauer zu visualisieren. Die Spinne als Hauptfigur wurde bewusst gewählt, da sie sich in drei Schritten einfach zeichnen lässt. Besprechen Sie, wann und warum sich Spinne Susi traurig oder fröhlich fühlt. Malen Sie, dazu passend, eine Spinne mit lachenden und herunterhängenden Mundwinkeln. Nutzen Sie zur Unterstützung Handspiegel und Fotos.

Malreim:

**Kleine Spinne**

Den Spinnenkörper male ich mir
als großen Kreis auf das Papier.

Links vier Beine, rechts vier Beine
1, 2, 3, 4, 5, 6, 7, 8,
ist die Spinne schnell gemacht.

Zwei Augen und ein Mund verraten hier,
kleine Spinne: Wie geht es dir?

Bereiten Sie eine Kreisschablone mit einem Durchmesser von 8 cm vor. Diese kann für eine Gestaltarbeit mit Klappgesichtern genutzt werden. Die Gesichter zeigen dabei unterschiedliche Gefühlsausdrücke.

Nutzen Sie gerne die Übertragung auf Wetterphänomene und die von der Biene genutzten Regulierungsstrategien (schöne Dinge tun, Freunde besuchen, sich auf eigene Stärken besinnen). Basteln Sie unter entwicklungsbezogenem Einbezug der Lernenden eine Regenwolke und eine Sonne. Beschriften, bemalen oder bekleben Sie Regentropfen mit Dingen, die traurig machen, und die Sonnenstrahlen mit Dingen, die glücklich machen.
Regen Sie ein Unterrichtsgespräch darüber an, dass es für ein buntes Leben beides braucht: Sonne und Regen. Graue-Wolken-Momente dauern nicht ewig. Regen hilft uns (wie den Blumen), zu wachsen.

> Sonnen- und auch Regenmomente
> wird es immer geben.
> Ich liebe es: So schön ist mein Leben!

Weiterführend gestalten die Lernenden Wiesenbilder mit ihren Bewohnern. Dazu können Spinnen, Bienen und Marienkäfer mit schwarzen, gelben bzw. roten Fingerabdrücken und einem schwarzen Filzstift gestaltet werden. Alternativ werden Wattepads mit Wassermalfarbe und Pinsel, ggf. durch Pipettieren, in rot, gelb und schwarz eingefärbt. Diese dienen als Gestaltgrundlage für die Wiesentiere.

## Lied „Sammle Glücksmomente ein"

### Material

- ✔ Kopiervorlage „Sammle Glücksmomente ein" (v. E. Rupp, siehe S. 47)
- ✔ optional: Seifenblasen, gelbe Chiffontücher, Straßenmalkreide

### Material für einen Glückskäfer

- ✔ Kopiervorlage „Marienkäfer" (siehe S. 48), kopiert auf Tonzeichenpapier, alternativ auf zwei Pappteller selbst gezeichnet
- ✔ Schere, Musterbeutelklammer
- ✔ Mal- und Schreibutensilien

### Material für eine bunte Gefühle-Spinne

- ✔ laminierte Zeichnung einer Spinne
- ✔ Knete (bunt)

### Umsetzung

Glücksmomente zu sammeln, gibt Kraft. Schöne Erlebnisse bleiben in Erinnerung. Singen Sie mit den Lernenden das Lied „Sammle Glücksmomente ein".
Optional schwingen Sie gelbe Chiffontücher (Sonnenstrahlen) und lassen Seifenblasen fliegen (das Leben ist bunt). Passend zum Liedabschluss, gestalten Sie mit Straßenmalkreide einen Weg, welcher zu einer Sonne führt.
Neben der Kopiervorlage auf S. 47 ist das Lied als vierstimmiger Chorsatz unter www.edgar-rupp.de (Stand: Mai 2023) herunterladbar. Eine Hörversion ist auf gängigen Streaming-Portalen zu finden.

### Differenzierungsmöglichkeiten

Kopieren Sie die Vorlage „Marienkäfer“ auf widerstandsfähigeres Tonpapier, lerngruppenangepasst vergrößert auf A3-Format. Die Flügel des Marienkäfers werden rot ausgemalt und bilden die Drehscheibe.
Die beiden ausgeschnittenen Teile werden übereinandergelegt und in der Mitte durch eine Musterbeutelklammer zusammengehalten. Die Lernenden sammeln (über einen Tag oder einen anderen Zeitraum hinweg) Glücksmomente und notieren, malen oder kleben sie auf die untere Scheibe. Die Glücksmomente können so immer wieder in Erinnerung gerufen werden.

Nutzen Sie eine gezeichnete Spinne Susi als Knetunterlage. Die Lernenden legen bunte Knetpunkte darauf. Besprechen Sie, dass es in uns nicht nur schwarz ist und dass alle Farben (Gefühle) in uns wohnen.

## Gestaltarbeiten mit Knetreim

### Material für die bunte Wolke

- DIN-A4-Tonkarton (hellblau)
- DIN-A5-Tonpapier (weiß)
- Malutensilien, Schere, Kleber
- Knete (verschiedene Farben)

### Material für Gesichter kneten

- Knetunterlagen, optional laminierte oder in Lerntaschen eingelegte Kopiervorlage „Gesicht“ (siehe S. 49)
- Knetreim (siehe S. 39)
- Knete in verschiedenen Farben
- (Hand-)Spiegel

### Material für Gesichterlegen

- unterschiedliche Materialien in verschiedenen Schälchen z. B. Knöpfe, Wolle, kleine Steine, Pompons ...
- Tonkarton mit selbst gezeichnetem Kopfumriss oder Kopiervorlage „Gesicht“ (siehe S. 49)

### Umsetzung

Auf dem weißen Tonpapier wird eine Wolke vorgezeichnet, bunt angemalt und nach dem Trocknen ausgeschnitten. Die Lernenden kleben die Wolke auf den oberen Teil des blauen Tonkartons. Anschließend werden Regentropfen vorgezeichnet, blau angemalt, ausgeschnitten und aufgeklebt. Alternativ werden kleine Knetpunkte auf dem unteren Teil des Tonzeichenkartons verteilt und, mit dem Zeigefinger von oben nach unten ziehend, verstrichen. Der bunten Wolke kann noch individuell ein Gesicht gestaltet werden.

### Differenzierungsmöglichkeiten

Als Knetunterlage dient ein neutraler Kopfumriss (z. B. S. 49). Die Lernenden überlegen, was dem Gesicht fehlt. Ein Handspiegel kann ergänzend als Hilfe dienen. Gesichter werden geknetet.

**Knetreim:**
**Augen, Nase, Mund**

Zwei Augen braucht mein Gesicht,
Kugeln machen, Kugeln machen.
Fertig sind wir aber noch nicht!

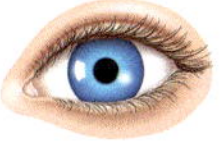

In die Mitte eine Nase,
Knete drücken, Knete drücken.
Nein, das wird kein Hase!

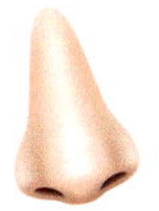

Zum Schluss noch einen Mund dazu
Knete rollen, Knete rollen.
Hallo, hallo, wer bist du?

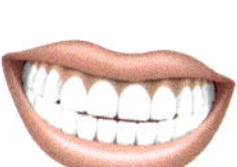

Weiterführend werden Gesichter aus unterschiedlichen (Natur-)Materialien gelegt.

## Gefühle mit allen Sinnen

### Material

- ✔ Gefühle-Reim (siehe unten)
- ✔ individuell gestaltete Sinnesmitte, z. B. aus einer einfarbigen Decke, Chiffontüchern, (Wetter-)Fotos o. Ä.
- ✔ Fotos mit unterschiedlichen Gesichtsausdrücken (siehe S. 50)
- ✔ optional Fotokartei (z. B. „80 Bildimpulse: Gefühle“, Verlag an der Ruhr)

### Material zur Differenzierung

- ✔ verschiedene Utensilien (siehe S. 40)
- ✔ optional Würfel mit Einstecktaschen
- ✔ Schere, Kleber
- ✔ Malutensilien, Tonzeichenpapier
- ✔ alte Zeitschriften o. Ä. mit Personen und Tieren
- ✔ optional Fotokamera

**Gefühle-Reim**
**„Manchmal bin ich …“**

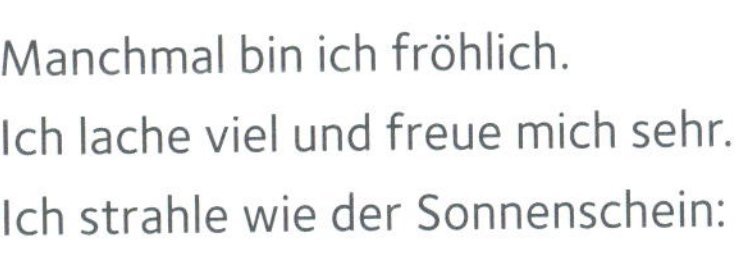

Manchmal bin ich fröhlich.
Ich lache viel und freue mich sehr.
Ich strahle wie der Sonnenschein:
– So soll es sein!

Manchmal bin ich traurig.
Die Welt wirkt grau und ich weine.
Es fühlt sich schwer an
– wie große Steine.

Manchmal bin ich wütend.
Mein Kopf wird rot, ich stampfe
mit dem Fuß und werde auch mal laut:
– Atme ein und aus, damit's mich nicht umhaut.

Manchmal bin ich ängstlich.
Mein Herz schlägt schnell, dann zittere ich
– und trau mich nicht.

Gefühle zeigen etwas,
sind einfach da, weder falsch noch richtig
– sie sind alle wichtig!

### Umsetzung

Gestalten Sie eine Sinnesmitte und sprechen Sie laut den Gefühle-Reim. Laden Sie lerngruppenangepasst zum Unterrichtsgespräch ein. Impulsfragen könnten sein: Was seht ihr? Welche Gefühle erkennt ihr?

Besprechen Sie den Gefühle-Reim, die dort auftretenden körperlichen Reaktionen (z. B. Herzrasen) und Denkprozesse bzw. Gedanken (z. B. etwas meiden, sich nicht trauen).

### Differenzierungsmöglichkeiten

Gefühle können mehrsinnig erlebt, nachvollzogen und verbalisiert werden. Einige Anregungen finden sich unten stehend. Es bietet sich an, einen Bewegungsraum z. B. für eine Gefühle-Sportstunde zu nutzen. Bestücken Sie beispielsweise einen Taschenwürfel mit Fotos von Menschen, die unterschiedliche Gefühle zeigen. Nach dem Würfeln überlegen sich die Lernenden eine Darstellung für das Gefühl (z. B. Füße aufstampfen).

Beispiele für Freude mit allen Sinnen:

- fröhliche Klänge auf einer Flöte oder einem Glockenspiel spielen
- heller Raum
- klatschen, eine Rutsche hinunterrutschen, hoch in die Luft springen
- mit gelber Farbe malen
- Wärme spüren
- Zitronenduft riechen
- Musikstück „Frühling" (A. Vivaldi)

Beispiele für Trauer/Traurigkeit:

- traurige Klänge auf einer Geige oder einem Klavier spielen
- abgedunkelter Raum
- sich hinhocken und einigeln, die Arme um die Knie falten
- mit grauer Farbe malen
- Regengeräusche hören
- Musikstück „Trauermarsch" (F. Chopin)

Beispiele für Wut mit allen Sinnen:

- auf eine Trommel schlagen
- schreien
- Füße aufstampfen, boxen, mit einer Poolnudel gegen eine Matte schlagen
- mit roter Farbe malen
- etwas überschäumen lassen und Säuerliches riechen (z. B. ein Glas auf eine wasserfeste Unterlage stellen, zur Hälfte rot eingefärbtes Wasser hineingeben und mit Essig auffüllen, drei Päckchen Backpulver dazugeben)
- Musikstück „Die Wut über den verlorenen Groschen" (L. v. Beethoven)

**Beispiele für Angst mit vielen Sinnen:**

- zwei Becken aneinanderschlagen
- Hände vor das Gesicht halten
- mit der flachen Hand leicht auf der Brust das Herzpochen imitieren
- mit schwarzer Farbe malen
- mit leiser Stimme reden
- Musikstück „O Fortuna" (C. Orff)

Die Lernenden malen frei zur Musik. In Zeitschriften o. Ä. werden Personen (gerne auch Tiere) gesucht, welche besonders glücklich, traurig, wütend oder ängstlich wirken. Besprechen Sie die Auswahl. Auf die entstandenen Zeichnungen werden ausgeschnittene Bilder als kleine Collage aufgeklebt und durch passende Gefühlswörter ergänzt. Selbstverständlich bietet es sich an, mit den Lernenden eigene Gefühle-Porträts (oder Ganzkörperaufnahmen) vor einer neutralen Wand zu fotografieren.

Ergänzend überlegen die Lernenden, wie sich Gefühle noch bildhaft ausdrücken lassen (z. B.: wenn ich glücklich bin, scheint die Sonne, ich fühle ich mich leicht wie ein Schmetterling). Sie stellen dieses Symbolbild nach und machen Fotos. Ihr Körper wird nach dem Ausdruck ausgeschnitten und in ein passendes Gestaltbild gesetzt.

## Upcycling-Lernideen

### Material

- ✔ Pappe (z. B. Versandkartons)
- ✔ Filzstifte, Malutensilien
- ✔ optional Fotos mit unterschiedlichen Gefühlsausdrücken (siehe S. 50)

### Zusätzliches Material für ein Zuordnungsspiel

- ✔ 5 Toilettenpapierrollen, alternativ 5 Gläser
- ✔ optional Heißkleber

### Umsetzung

Für ein Zuordnungsspiel werden fünf Toilettenpapierrollen mit je einem Foto eines Menschen beklebt (z. B. S. 50), welches die Grundemotionen Freude, Trauer, Angst, Wut und Überraschung zeigt. Anschließend werden ca. 3 x 3 cm große Pappstücke mit unterschiedlichen Gefühlsausdrucksbildern beklebt. Diese werden den Toilettenpapierrollen zugeordnet und die entsprechende Auswahl versprachlicht. Zum Zwecke einer besseren Stabilität können die Papprollen mit Heißkleber an einer Unterlage festgeklebt werden.

Zeichnen Sie für ein Legespiel auf Pappstücke verschiedene Augen und Münder, die Freude, Trauer, Wut, Überraschung, Ekel und/oder Angst ausdrücken (es haben sich längs zerschnittene Pappen in DIN-A4-Format bewährt). Als Anregung kann S. 51 dienen. Die Lernenden bauen aus den Pappstücken lustige Gesichter zusammen. Darüber hinaus werden die Münder und Augen verschiedenen Gefühlen zugeordnet und gezielt Gesichter gestaltet.
In Partnerarbeit lässt sich verdeckt ein Gesicht zusammensetzen und erraten, welches Gefühl dargestellt wird. Die Lernsituationen werden sprachlich begleitet.
Alternativ kann ein*e Schüler*in mit gleichem Abstand und Hintergrund in unterschiedlichen Gefühlsausdrücken fotografiert werden und die ausgedruckten Fotos werden zerschnitten. Ebenfalls hilfreich sind die Fotos auf S. 50 die, vergrößert kopiert und zerschnitten, als Puzzle dienen können.

Für ein Memory wird auf je zwei Pappkarten (ca. 6 x 6 cm) ein Menschen-, Tier- oder Smiley-Gesicht mit demselben Gefühlsausdruck gemalt oder geklebt. Um ein Kartenpaar zu bilden, müssen die zwei gleichen Abbildungen gefunden werden. Lerngruppenangepasst werden vor oder nach dem Spiel die Gefühle-Memorykarten besprochen. Mögliche Impulsfragen sind:

- Wie sieht das Gesicht auf der Karte aus (Augen, Lippen)?
- Wie könnte sich der Mensch fühlen?
- Hast du auch schon einmal so ausgesehen? Wann und warum?
- Was meinst du: Warum schaut der Mensch so traurig/glücklich ...?

## Kreisspiel mit Spielreim

### Material

- ✔ Figur/Kuscheltier einer Spinne, alternativ ein Spinnenfoto, optional Fotos mit unterschiedlichen Gefühlsausdrücken (z. B. S. 50)
- ✔ Spielreim „Susi, Susi" (siehe unten)

### Material zur Differenzierung:

- ✔ Musikabspielgerät, optional Instrumentalmusik von „Sammle Glücksmomente ein" (E. Rupp) auf gängigen Streaming-Portalen

### Umsetzung

Die Lernenden sitzen oder stehen im Kreis. In der Mitte befindet sich eine Spinnenfigur.
Ein Kind geht in die Kreismitte und spielt die Spinne Susi (traut sich ein Kind nicht in die Kreismitte, verbleibt es auf seinem Sitzplatz und die Spinnenfigur wird zu ihm gelegt). Nun rufen die anderen Schüler*innen den Spielreim.
Der*die Lernende in der Kreismitte zeigt, ggf. durch Fotos unterstützt, einen Gefühlsausdruck, z. B. ein Lachen mit Luftsprung oder ein erschrockenes Gesicht mit den Händen vor dem Mund.
Die anderen Lernenden erraten das gezeigte Gefühl und machen es optional nach.

**Spielreim:**
**Susi, Susi**

Susi, Susi, wie geht es dir?
Komm mal her und zeig es mir!

### Differenzierungsmöglichkeiten

In Anlehnung an den Stopp-Tanz schaltet die Lehrkraft Musik an (z. B. die Instrumentalversion von „Sammle Glücksmomente ein" von E. Rupp, siehe oben). Die Lernenden bewegen sich im Kreis. Sie ahmen jeweils ein von der Lehrkraft vorgegebenes Gefühl nach (z. B. grinsen sie und schwingen fröhlich die Arme). Stoppt die Musik, verharren sie in der jeweiligen Bewegung und Mimik.

## Landkarte der Gefühle

### Material

- ✔ Tapetenbahnen (jeweils ca. 2 m lang) oder Körperumriss (siehe S. 16), Menge nach Bedarf (siehe unten)
- ✔ Klebestreifen, kleine Zettel
- ✔ Malstifte, Schere, Kleber
- ✔ optional Filzstoff

### Material zur Differenzierung:

- ✔ Wut-Kiste mit Utensilien (siehe unten)
- ✔ Wäscheleine und -klammern o. Ä.

### Umsetzung

Fragen Sie, ob und wo man sehen kann, wie sich ein Mensch fühlt (z. B. Ich sehe, der Mensch lacht. Ich sehe, der Mensch hat die Augen weit auf. Usw.). Schreiben Sie die Antworten auf kleinen Zetteln mit. Weiterführend überlegen die Lernenden, wo man Gefühle spürt, es aber ein anderer Mensch nicht gleich sieht (Herzrasen, Hautkribbeln, Übelkeit ...). Hierdurch erfahren die Schüler*innen, dass sich Gefühle sehr vielfältig körperlich ausdrücken.

Es wird ein Körperumriss angefertigt. Dazu liegt ein Kind auf der Tapetenbahn. Der Körper wird mit einem dunklen Stift umfahren. Selbstverständlich kann jedes Kind seinen eigenen Körperumriss und damit seine eigene Gefühle-Landkarte gestalten.

Der Körperumriss soll nun wie eine Landkarte zeigen, wo man Gefühle spüren und/oder sehen kann. Hierzu können unterschiedliche Farben genutzt werden (z. B. Gelb für Freude, Grau für Trauer, Rot für Wut und Grün für Überraschung/Aufregung). Kleben Sie die mitgeschriebenen Stichpunktzettel an der entsprechenden Körperstelle auf. Zudem können die Lernenden selbst malen (z. B. einen großen Mund beim Schreien), kleben oder einzeichnen (z. B. Beine anmalen stellvertretend für das Wegrennen bei Angst).

Weiterhin kann ein selbst gefertigtes Legematerial aus Filz o. Ä. genutzt werden, um einem Gefühl die Körperstellen zuzuordnen, an denen man es (am stärksten) spürt. Ergänzend gestalten Sie für jedes Gefühl eine eigene Gefühle-Landkarte mit der Kopiervorlage (siehe S. 16).

### Differenzierungsmöglichkeiten

Die Lerngruppe hat nun darüber gesprochen, wie man Gefühle erkennen, ausdrücken und benennen kann. Außerdem wurden körperliche Reaktionen besprochen. Greifen Sie dies auf, um beispielsweise dazu hinzuführen, dass Gefühle einfach rausmüssen. Gefühle ausdrücken zu können, bedeutet gerade bei Wut und Ärger auch, für sich einzustehen und Nein zu sagen. Einen Weg zu finden, bei dem dabei nichts kaputtgeht und niemand verletzt wird, ist wichtig. Besprechen Sie Wut-rauslass-Tipps. Gestalten Sie mit Gegenständen, die diese Tricks symbolisieren, eine Gesprächsmitte oder füllen Sie eine Wut-Kiste. Es eignen sich beispielsweise:

- kleiner Drache als Stofftier: den Feuerdrachen verjagen
- kleiner Eimer: hineinschreien (für die Mitmenschen weniger laut)
- alte Pappe: etwas zerreißen, was zerrissen werden darf
- Schuh: aufstampfen
- Softball: darf geknautscht, gedrückt und in eine bestimmte Ecke/an eine Wand geworfen werden
- CD: Musik anmachen und die Gefühle raustanzen/ausschütteln

Ängstlichen bzw. unsicheren Schüler*innen kann es helfen, wenn man ihnen verdeutlicht, dass sie nicht allein mit ihren Ängsten sind. Für Außenstehende sind manche Ängste unbegründet, dennoch werden alle Ängste ernst genommen. Bereiten Sie z. B. kleine Zettel mit dem Satzanfang „Ich habe Angst vor ..." vor. Diese sollen verschiedene Menschen durch Wörter, Bilder oder Fotos ergänzen (z. B. Flugzeug/Höhenangst, Fische, Spinnen ...). Hängen Sie die Zettel an eine Leine. Anhand eines kleinen Spaziergangs entlang der Leine wird ersichtlich, dass jeder Mensch Ängste in sich trägt.

Mut ist eine persönliche Ressource, um stark durchs Leben zu gehen. Mut schenkt uns die Gewissheit, dass es sich lohnt, Angst zu überwinden. Manchmal benötigt auch Mut einen kleinen Helfer. Das kann ein Mutmach-Trunk (siehe S. 33), eine Atemübung oder ein Mut-Spray (z. B. Zitronenwasser in Sprühflasche) sein. Aus der Mama-Trickkiste geplaudert: Malen sich Kind und Bezugsperson gemeinsam ein kleines Herz auf die Hand, erinnert das daran, dass immer jemand da ist, auch wenn er gerade nicht neben einem ist.

# Die kleine Spinne Susi lacht wieder (1/2)

Heute ist ein ziemlich grauer Tag.

Nicht nur, dass dicke, graue Wolken die Sonne verdecken – nein, auch die kleine Spinne Susi sitzt traurig in ihrem Spinnennetz.

Gestern war sie mit ihren Freunden auf der großen Blumenwiese am Waldrand. Kinder haben dort ein Picknick gemacht und sich über alle Tiere auf der Wiese gefreut.

Nur als die Kinder sie, die kleine Spinne, gesehen haben, freuten sie sich nicht.

Sie sagten, Spinnen sind eklig. Manche Kinder hatten sogar Angst vor ihr.

Und überhaupt: Alle Freunde der kleinen Spinne sind bunt. Der Grashüpfer ist grün, der Marienkäfer hat ein rotes Kleid und ihr bester Freund, der Schmetterling, strahlt sogar in vielen Farben. Sie, die kleine Spinne, ist schwarz. Na, das passt ja zum grauen Tag und zu ihrer Stimmung: Susi ist traurig.

Gerade kommt ihre Freundin, die Biene Tina, vorbeigeflogen und setzt sich zu ihr.

Tina fragt, was Susi so traurig macht. Susi erzählt, dass sie auch gerne ein buntes Kleid hätte und traurig ist, weil alle Kinder sie eklig finden.

Die Biene hört zu und denkt nach. Dann antwortet sie: *„Manche Menschen mögen mich auch nicht. Sie verjagen mich sogar, wenn ich vorbeifliege. Dabei kennen sie mich gar nicht! Das verstehe ich*

# Die kleine Spinne Susi lacht wieder (2/2)

*auch nicht. Aber weißt du was? Ich fliege dann einfach zu den bunten Blumen und besuche meine Freunde. Zusammen singen wir Lieder.*

*Los, komm mit! Spaß zu haben, ist viel toller als traurig zu sein. Du hast ein schwarzes Kleid, trotzdem kannst du dir dein Leben ganz bunt machen, glücklich sein und lachen.“*

Die Biene Tina fliegt los und Susi beschließt, mitzugehen. Dank ihrer acht Beine ist sie schnell und hat Tina bald eingeholt. Bei der Wiese am Waldrand angekommen, finden sich dann viele Tiere zum Singen zusammen.

Besonders der Marienkäfer kennt tolle Lieder und schafft es, seinen Freunden ein Lächeln aufs Gesicht zu zaubern. Alle lieben das Lied „Sammle Glücksmomente ein“. Auf der Wiese hört man nun nur fröhliches Singen und Lachen.

So wie Gefühle kommen und gehen, verzogen sich einige Wolken und warme, helle Sonnenstrahlen erwärmten die Welt.

# Sammle Glücksmomente ein

Musik und Text: Edgar Rupp
www.edgar-rupp.de

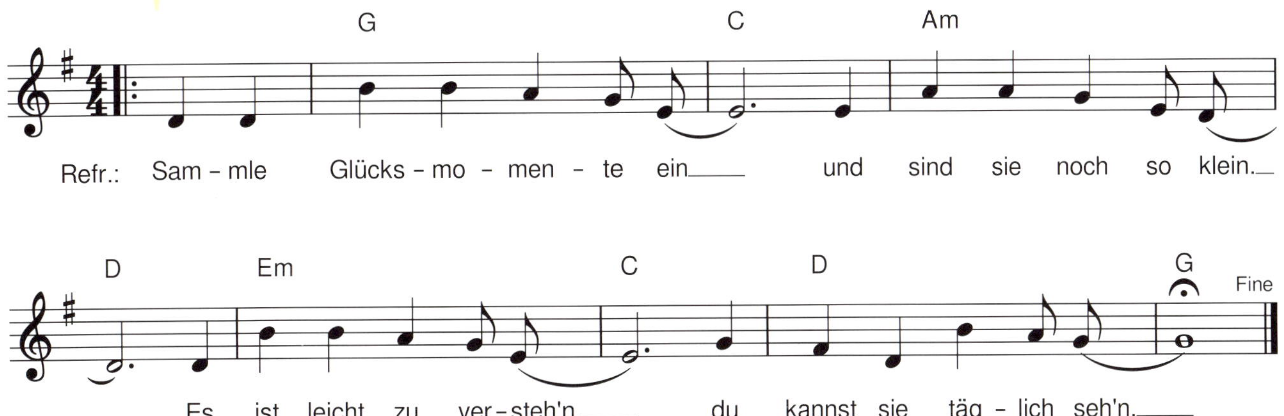

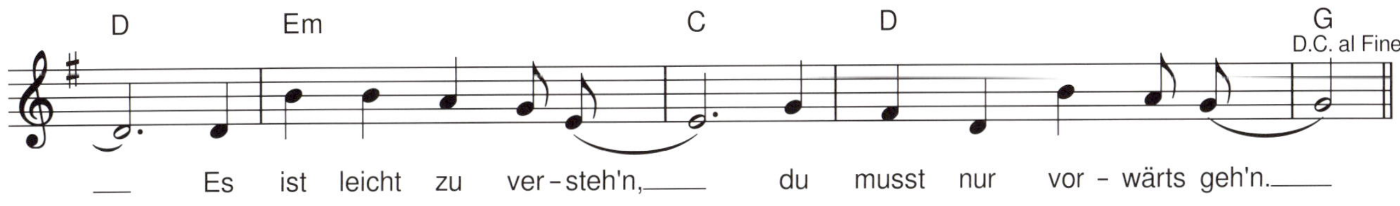

# Marienkäfer

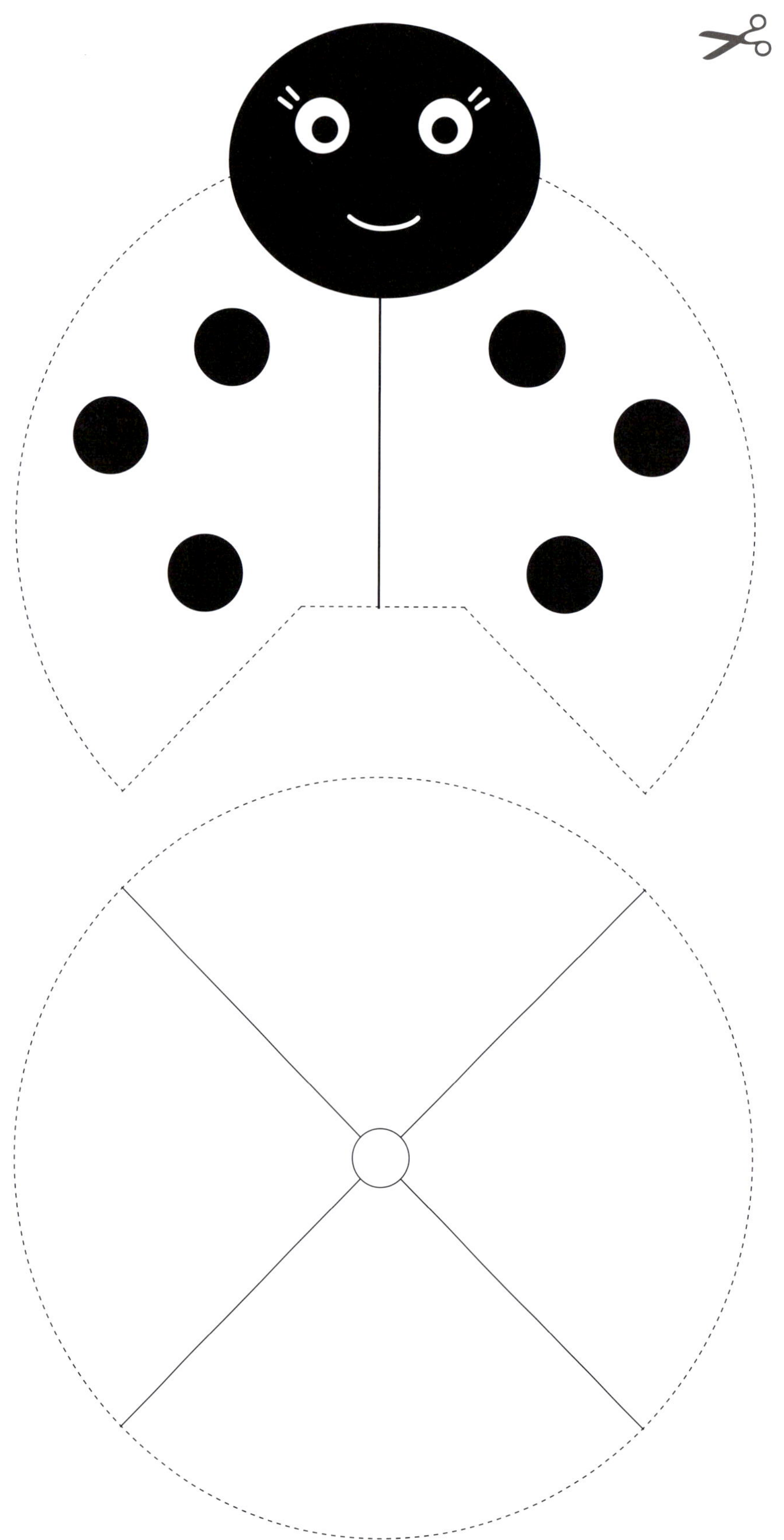

# Gesicht

# Gefühle – Fotos

**Hinweis:** Karten ggf. auf DIN-A3-Format (141 %) vergrößert kopieren

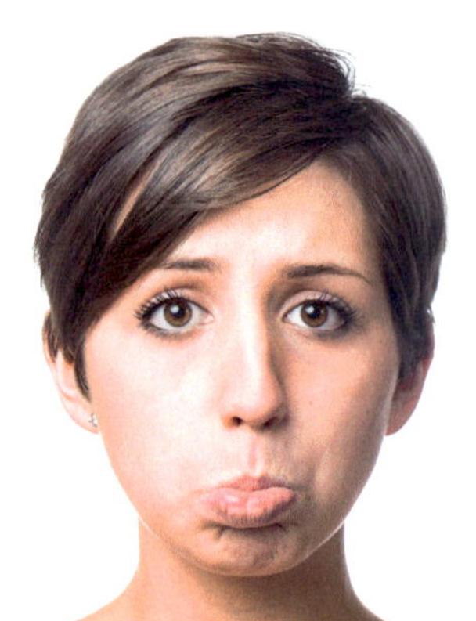
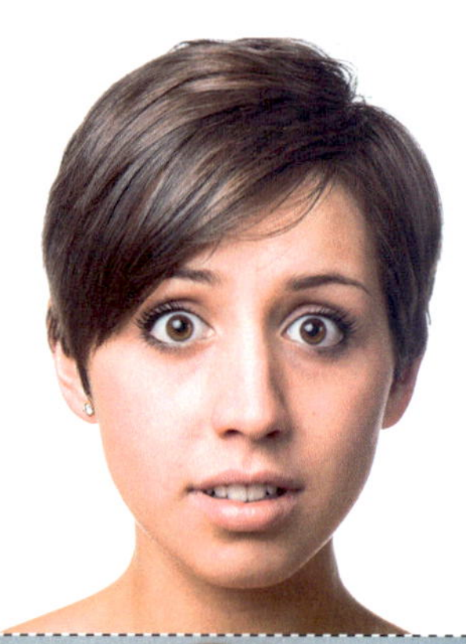

# Gefühle – Illustrationen

**Hinweis:** Karten ggf. auf DIN-A3-Format (141 %) vergrößert kopieren.

# Sinnespfad „Auf die Sinne! Fertig! Los!“

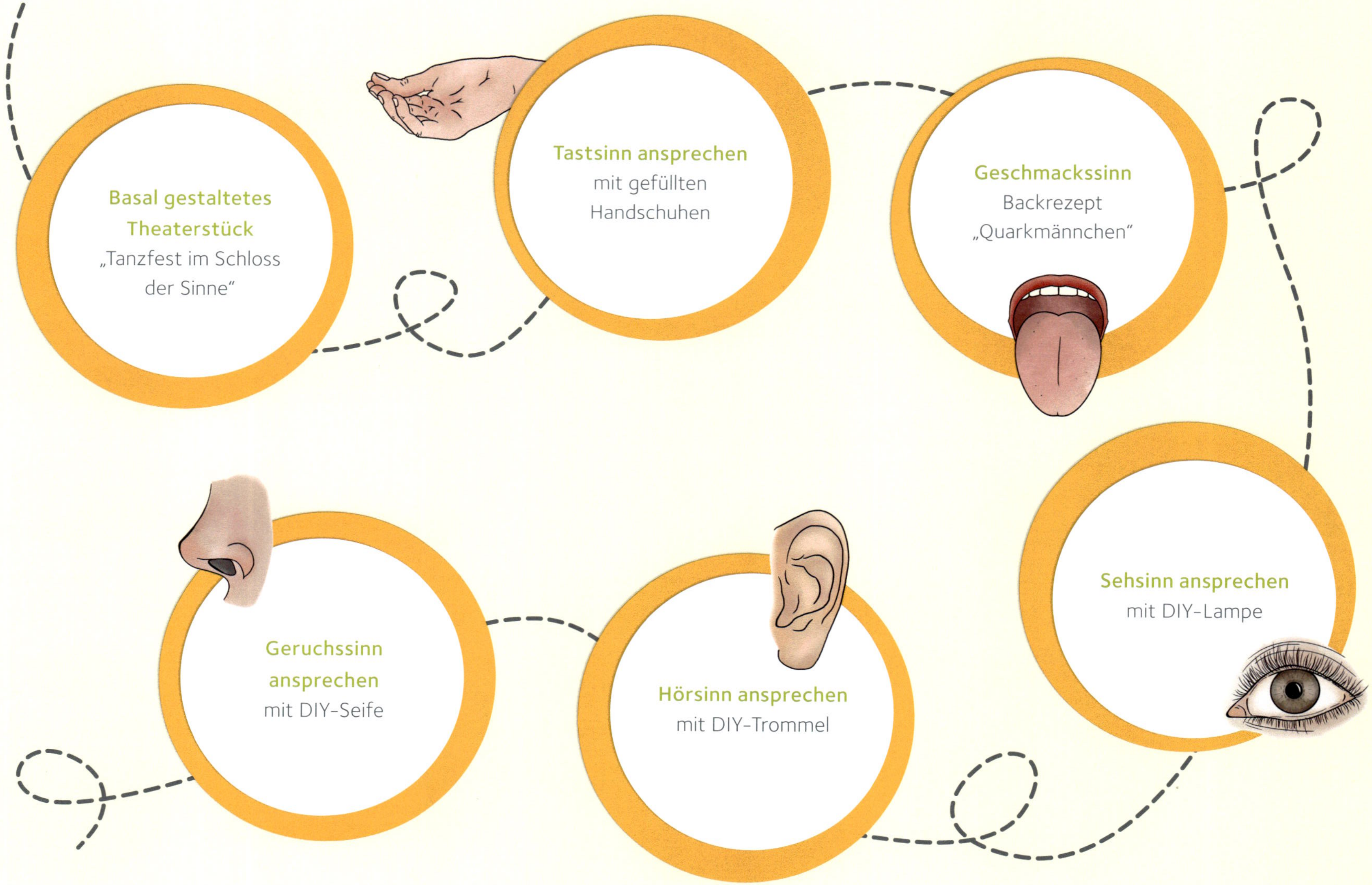

**Geruchssinn ansprechen**
mit DIY-Seife

**Hörsinn ansprechen**
mit DIY-Trommel

**Sehsinn ansprechen**
mit DIY-Lampe

**Geschmackssinn**
Backrezept
„Quarkmännchen“

**Tastsinn ansprechen**
mit gefüllten
Handschuhen

**Basal gestaltetes Theaterstück**
„Tanzfest im Schloss der Sinne“

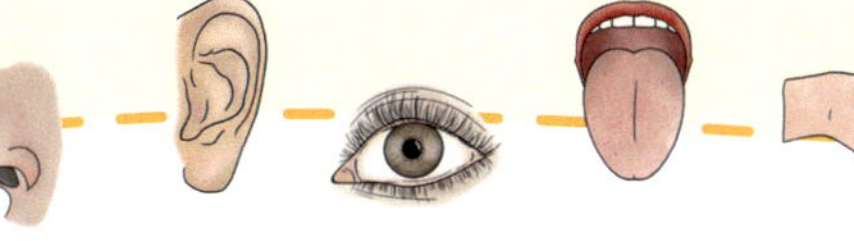

# Sinnespfad „Auf die Sinne! Fertig! Los!"

*„Mit den (klassischen) fünf Sinnen nehmen wir alles in der Welt wahr. Wir sehen, riechen, hören, schmecken und tasten. Dabei helfen uns die Sinnesorgane Augen, Nase, Ohren, Zunge und Haut.*
*Oft benutzen wir mehrere Sinnesorgane gleichzeitig. So können wir nicht nur die Farbe einer Orange sehen, sondern die Orange gleichzeitig auch schmecken und riechen."*

Menschen begreifen die Welt in ihrer Differenziertheit durch (aktive) sinnliche Erfahrungen. Gestalterische Tätigkeiten, Musik und Theater bieten dafür vielfältige Anknüpfungspunkte und bilden den Schwerpunkt dieses Sinnespfads. Die Lernenden

- lernen im Zuge eines basal gestalteten Theaters die fünf Sinne kennen,
- erfahren, didaktisch reduziert, die Bedeutung der Sinne und ordnen Eigenschaftswörter zu.

## Basal gestaltetes Theaterstück

### Material

- ✔ für den einführenden Sitzkreis: Instrument, beliebige Blume (gerne duftend), angenehm duftendes Parfum, Apfel, Eiswürfel, Tasse mit warmem Tee
- ✔ für das basale Theater: Tafelmaterial: Sinnesorgane (siehe S. 58/59)
- ✔ Lied der Sinne (siehe S. 62)
- ✔ für differenzierte Übungen: Wortspeicher (siehe S. 60)

### Umsetzung

Besprechen Sie beispielsweise im Sitzkreis lerngruppenangepasst das Thema und reaktivieren Sie das Vorwissen der Lernenden:

*„Jeden Tag nehmen wir viele Dinge wahr. Z. B. hören wir Musik [Instrument anspielen] oder sehen schöne Blumen. Viele Blumen [mitgebrachte Blume zeigen] duften so schön wie ein Parfum, das wir riechen können [Parfümstreifen herumreichen]. Hier der Apfel schmeckt lecker [in den Apfel beißen] und fühlt sich ganz glatt und kühl an. Ob etwas kalt oder warm ist, fühlst du mit deiner Haut [Eiswürfel und warme Teetasse anbieten].*

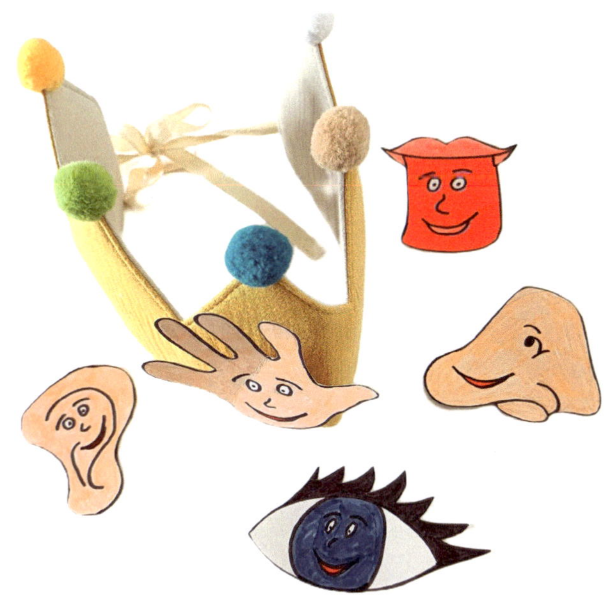

Lesen Sie das Theaterstück und verteilen Sie die Rollen. Neben den Proben können die Requisiten gemeinsam gestaltet werden.

### Differenzierungsmöglichkeiten

Das Theaterstück ist so konzipiert, dass lerngruppenspezifische Veränderungen vorgenommen werden können. Durch Ausdifferenzierung der Rollen und Planung weiterer Aktionen werden individuelle Ausdrucksmittel berücksichtigt. Das Theaterstück lässt sich zu einem größeren Projekt weiterentwickeln, indem Plakate oder Tische zu den fünf Sinnen als Ausstellung gestaltet werden.

Illustrationen Sinne: Verena Kasparbauer (Instagram: @Littleclipartfactory)

## Tastsinn mit gefüllten Handschuhen

*„Wir tasten mit der Hand, aber eigentlich mit unserer Haut als dem größten (Sinnes-)Organ. Dabei reagieren Fühler (Sinneszellen) in den verschiedenen Hautschichten auf Berührungen, Druck und Temperatur. Manche sind auch wichtig, damit wir Schmerz spüren. Stoffe fühlen sich für uns hart, weich, nass, rau, glatt, warm oder kalt an."*

### Material

- ✔ Handschuhe, wahlweise aus Baumwolle und/oder Vinyl
- ✔ Nähutensilien, Gummibänder
- ✔ Füllmaterial, z. B. Bohnen, Folie, Watte, Münzen, Nudeln

### Umsetzung

Befüllen Sie gemeinschaftlich die Handschuhe mit jeweils einem Füllmaterial und verschließen Sie die Öffnung mit einem Gummi oder nähen Sie diese zu. Haben Sie weiße Baumwollhandschuhe, können Sie diese zuvor mit den Lernenden einfärben oder mit Stoffmalfarbe bedrucken.

### Differenzierungsmöglichkeiten

Nutzen Sie die Abbildungen 1 und 2 auf der Kopiervorlage „Tafelmaterial: Sinnesorgane" (siehe S. 58/59) als Tafelbildvorlage und besprechen Sie die drei Hautschichten (Oberhaut, Lederhaut mit Nerven, Blutgefäßen, Drüsen und Haarwurzeln, Unterhaut). Durch verschiedene Tastspiele schulen die Lernenden ihre taktile Wahrnehmung. So können jeweils zwei Handschuhe mit dem gleichen Material befüllt und durch Tasten einander zugeordnet werden. Als weiteres Tastspiel erfühlen die Lernenden blind Geldstücke.

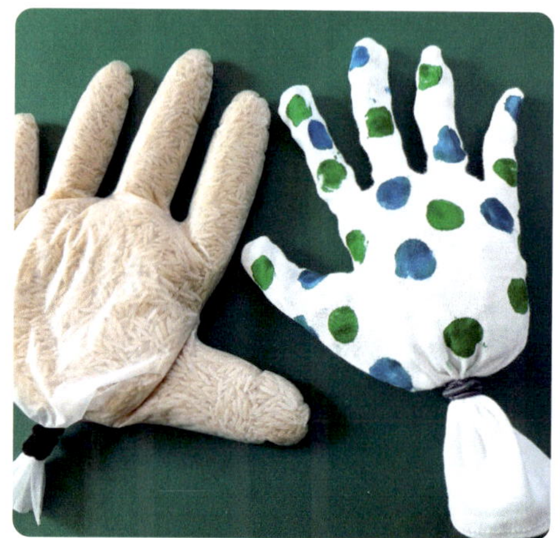

## Geschmackssinn mit Quarkmännchen

*„Beim Essen und Trinken schmecken wir mithilfe der Zunge. Dabei schmecken wir nicht an allen Stellen der Zunge gleich. An den verschiedenen Geschmacksfeldern schmecken wir süß, salzig, sauer, bitter und umami."*

### Material

Rezept für „Quarkmännchen" und dort aufgeführte Zutaten und Utensilien (siehe S. 61)

### Umsetzung

Bereiten Sie den Teig unter entwicklungsorientiertem Einbezug der Lernenden vor und formen Sie Männchen. Diese werden im Ofen gebacken, noch warm mit geschmolzener Butter bestrichen und in Zucker getunkt.

### Differenzierungsmöglichkeiten

Zum Rezept (siehe S. 61) wird eine Vorgangsbeschreibung verfasst. Die wesentlichen Körperteile des Quarkmännchens (Kopf, Rumpf, Gliedmaßen) werden herausgestellt. Mit der Abbildung 3 der Kopiervorlage „Tafelmaterial: Sinnesorgane" (siehe S. 58/59) kann die Geschmacksrichtung des Quarkmännchens an der passenden Zungenregion verortet werden (an der Zungenspitze schmecken wir süß).

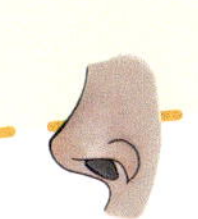
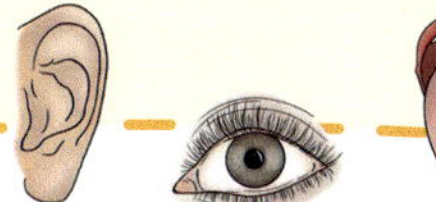

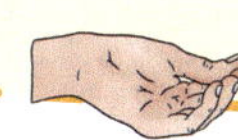

## Sehsinn mit DIY-Lampe

*„Mit unseren zwei Augen sehen wir. Egal welche Farbe dabei unsere Augen haben, alle Augen haben in der Mitte die schwarz aussehende Pupille, durch die das Licht bis zur Netzhaut ins Auge kommt. Dort helfen viele Sehsinneszellen hell und dunkel sowie Farben zu unterscheiden."*

### Material

- ✔ Vorlage für Lampenschirm (siehe S. 57)
- ✔ Weinglas, alternativ aufgeschnittene PET-Flasche (1 Liter)
- ✔ Malutensilien, Klebeband, Schere
- ✔ Laminiergerät und -folie
- ✔ elektrisches Teelicht
- ✔ Speiseöl, Pinsel, Küchenpapier

### Umsetzung

Kopieren Sie die Vorlage für den Lampenschirm und gestalten Sie den Lampenschirm entwicklungsorientiert mit den Lernenden. Für einen besonderen Leuchteffekt wenden Sie danach den Öltrick an und bestreichen den Lampenschirm dünn mit Öl. Nach Trocknung auf Küchenpapier laminieren Sie den Lampenschirm und schneiden ihn mit etwa 0,5 cm Rand aus. Kleben Sie die kurzen Seiten zu einem Lampenschirm zusammen, den Sie über das Weinglas stülpen.

### Differenzierungsmöglichkeiten

Nutzen Sie die Abb. 4 auf der Kopiervorlage „Tafelmaterial: Sinnesorgane" (siehe S. 58/59) als Tafelbildvorlage und besprechen Sie die wesentlichen Bestandteile des Auges.

Durch Verdunklung im (Dunkel-)Raum und das anschließende Anschalten der Lampe erkennen die Lernenden, dass es einer Lichtquelle bedarf, damit wir einen Gegenstand sehen können.

## Hörsinn mit DIY-Trommel

*„Mit unseren Ohren können wir hören. Dabei fängt die Ohrmuschel wie ein Trichter Töne und Geräusche als Schwingungen in der Luft ein. Durch den Gehörgang gelangen sie bis zum Trommelfell, wo sie wie auf einem Trampolin hüpfen. Über verschiedene, kleine Knochen und einen schneckenartigen Gehörgang wird das Gehörte über den Hörnerv bis zum Gehirn geleitet. Wir unterscheiden dabei sowohl laut und leise als auch hoch und tief."*

### Material

- ✔ Blumentopf (ø ca. 20 cm) aus Ton mit Loch im Boden, alternativ aus Kunststoff
- ✔ Kleister, Schüssel, Wasser, Pinsel
- ✔ Malkittel, Tischunterlage
- ✔ Butterbrotpapier, Stift, Schere, Gummiband
- ✔ Acrylfarbe, alternativ Fingermalfarbe mit Acryl-Überlack

### Umsetzung

Rühren Sie den Kleister gemäß Packungsbeilage an. Stellen Sie den umgedrehten Blumentopf auf Butterbrotpapier, zeichnen Sie mit etwa 3 cm Abstand zum Rand eine Kreislinie und schneiden Sie sie aus. Diesen Vorgang wiederholen Sie unter entwicklungsorientiertem Einbezug der Lernenden 8-mal, sodass acht Lagen entstehen.
Bepinseln Sie die erste Lage mit Kleister, streichen Sie diese ohne Lufteinschluss stramm über die Topföffnung und streichen Sie Überstehendes vom Topfrand hinab glatt.
Dies wiederholen Sie mit den weiteren Lagen. Am Ende spannen Sie einen Gummi um den Rand und lassen alles einen Tag durchtrocknen. Anschließend kann die Trommel mit Acrylfarben (oder Fingermalfarben) bemalt/verziert und mit Überlack fixiert werden. Alternativ kann auch ein Trinkbecher mit einem halben Luftballon bespannt werden und als Mini-Trommel dienen.

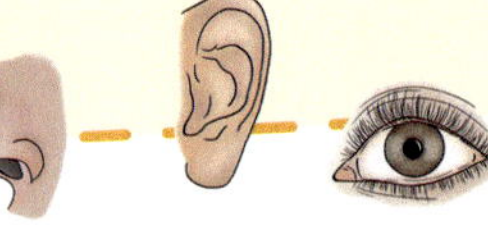
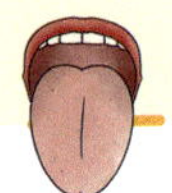
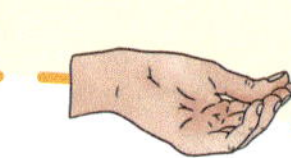

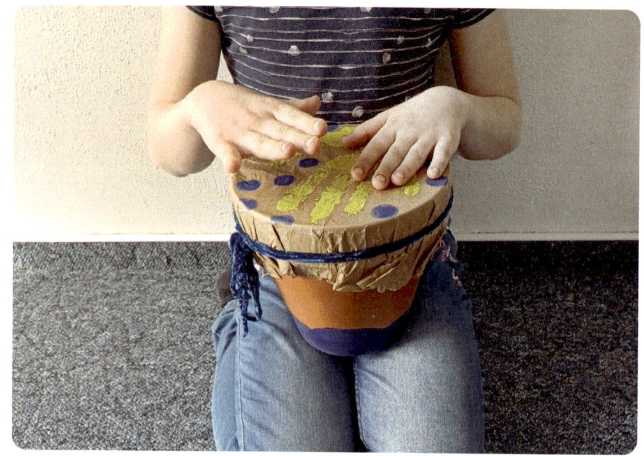

## Differenzierungsmöglichkeiten

Die Lernenden machen Schall spür- und sichtbar. Dazu halten sie zunächst einen Luftballon mit beiden Händen fest und sprechen, piepsen und brummen im Abstand von etwa 5 cm dagegen, sodass die Schwingungen am Ballon spürbar werden. Im zweiten Experiment nutzt man die Trommel und eine kleine, mit Folie bespannte und mit Salz bestreute Schüssel. Trommelt man nun dicht neben der Schüssel, sieht man die Salzkörner hüpfen.

# Geruchssinn mit DIY-Seife

*„Ob und wie etwas riecht, erfahren wir mithilfe unserer Nase. Sie unterscheidet angenehme und unangenehme Gerüche. Mit der Atemluft kommen Duftstoffe in die beiden Nasenhöhlen mit Riechhärchen, die diese Signale ans Gehirn weiterleiten. So werden wir auch gewarnt, z. B. wenn wir Rauch riechen.“*

## Material

- ✔ Rohseife, alternativ geraspeltes Seifenstück (geruchslos)
- ✔ Silikonförmchen, Holzstäbchen
- ✔ ggf. helle Lebensmittelfarbe
- ✔ Zusätze, wie Honig, ätherische Öle, zerschnittene Wildpflanzenblüten, wie Lavendel, Blütenblätter und evtl. kleine Spielzeugfigur

## Umsetzung

Schmelzen Sie die Rohseife nach Anleitung und gießen Sie diese in Silikonförmchen. Zusätze und ggf. ein Tropfen helle Lebensmittelfarbe lassen sich vorsichtig mit einem Holzstäbchen unterrühren. Für besonderen Waschspaß kann auch eine kleine Spielzeugfigur vor dem Durchtrocknen in die Form gegeben werden.

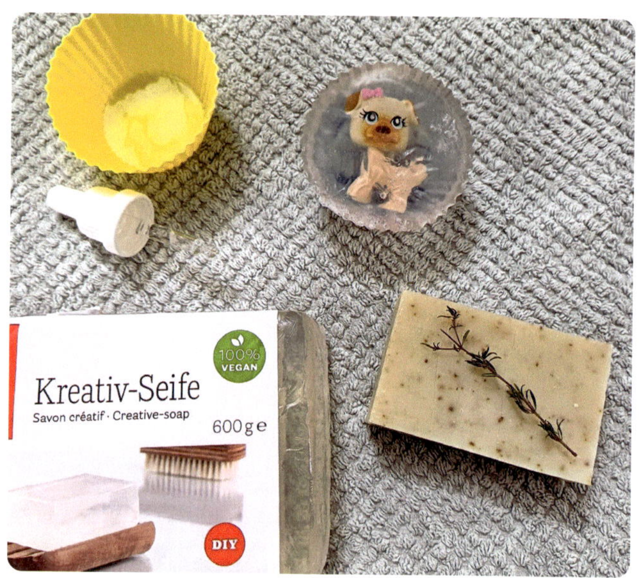


## Differenzierungsmöglichkeiten

Die Lernenden mischen Seifenblasenseife mit fünf Tropfen ätherischem Öl. Diese kann mit einem Spruch verschenkt werden. Die Lernenden können die „Seifenblasenreise“ auswendig lernen und im gemeinsamen Spiel aufsagen.

**Spielreim:**

**Seifenblasenreise**

Seifenblasen gehen tanzend auf die Reise,
schweben umher – ganz leise.
So rund, rund, rund und bunt, bunt, bunt
fliegen sie von Haus zu Haus
in die große Welt hinaus.
Hopp, hopp, hopp
bis es macht: plopp.



Illustrationen Sinne: Verena Kasparbauer (Instagram: @Littleclipartfactory), Shutterstock.com: Seifenblasen © NYgraphic

# Lampenschirm

**Hinweis:**
Vorlage ggf. auf DIN A3-Format (110 %) vergrößert kopieren.

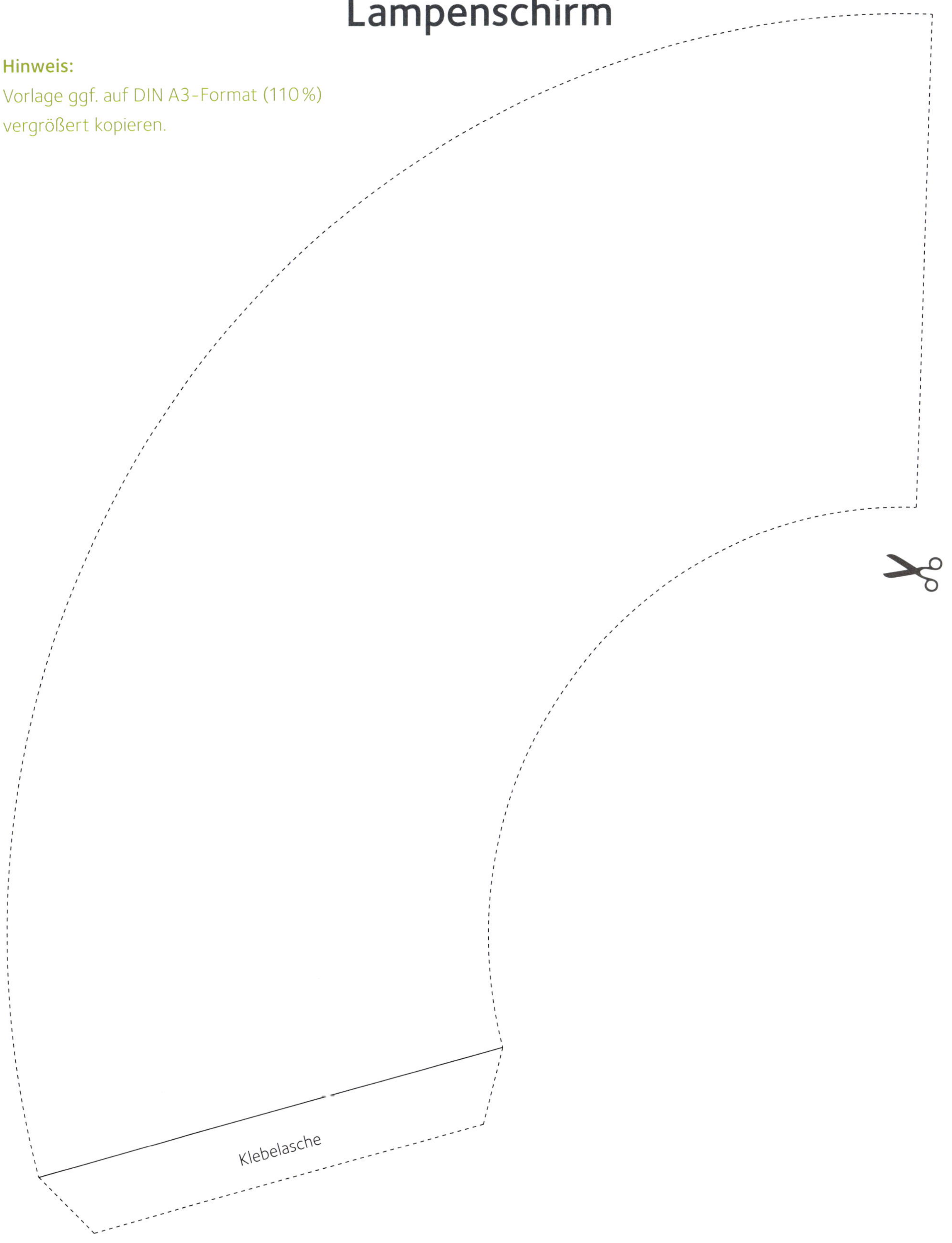

# Tafelmaterial: Sinnesorgane (1/2)

**Hinweis:** als Tafelmaterial auf DIN-A3-Format (141 %) vergrößert kopieren, ggf. laminieren und ausschneiden

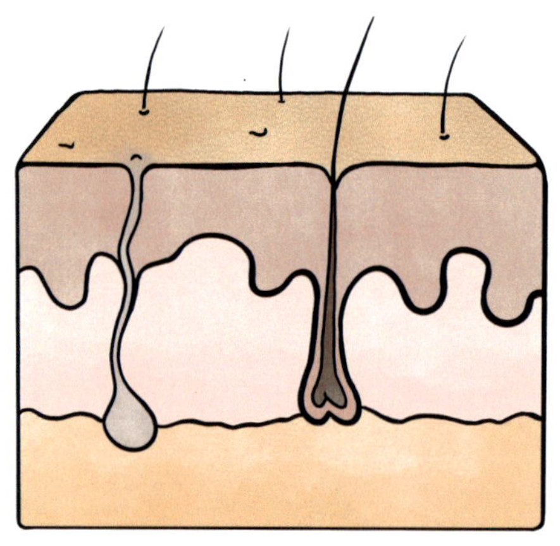

Abb. 1

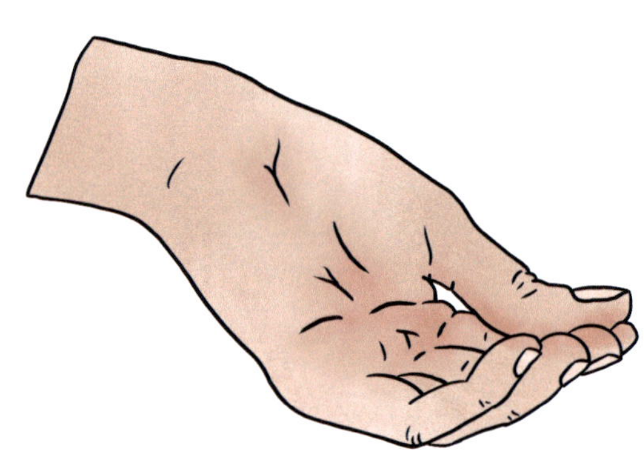

Abb. 2

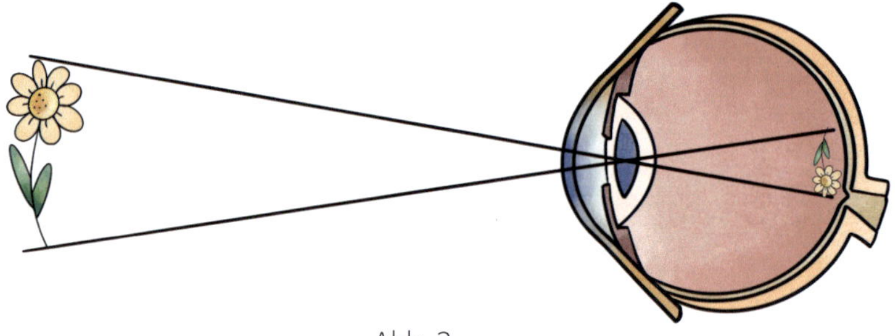

Abb. 3

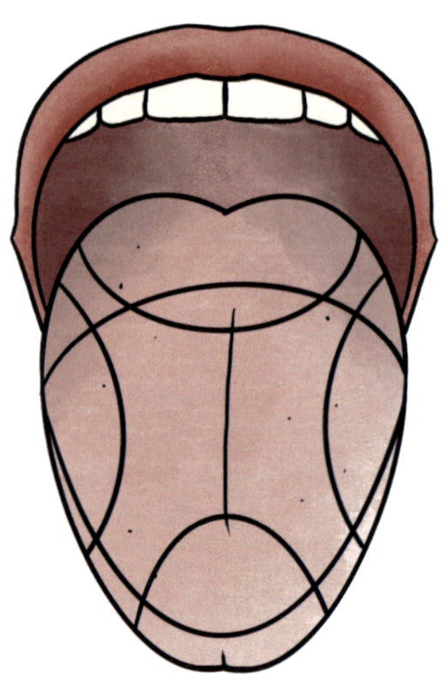

Abb. 4

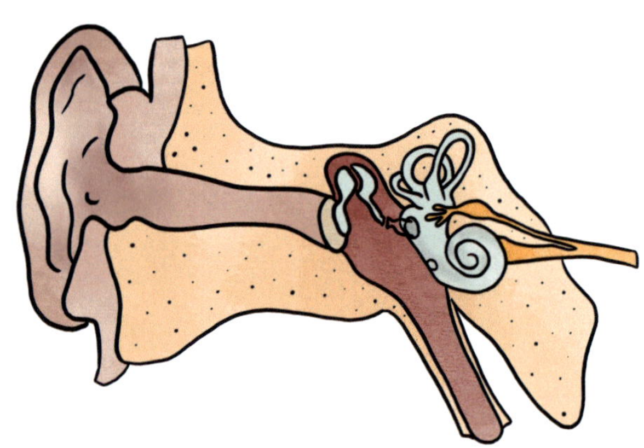

Abb. 5

# Tafelmaterial: Sinnesorgane (2/2)

**Hinweis:** als Tafelmaterial auf DIN-A3-Format (141 %) vergrößert kopieren, ggf. laminieren und ausschneiden

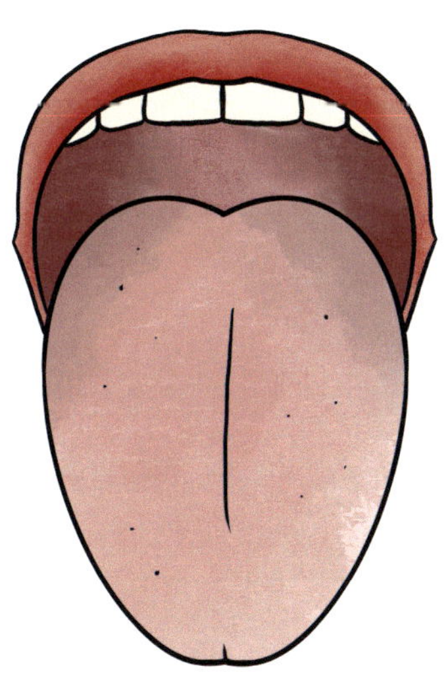

Abb. 6

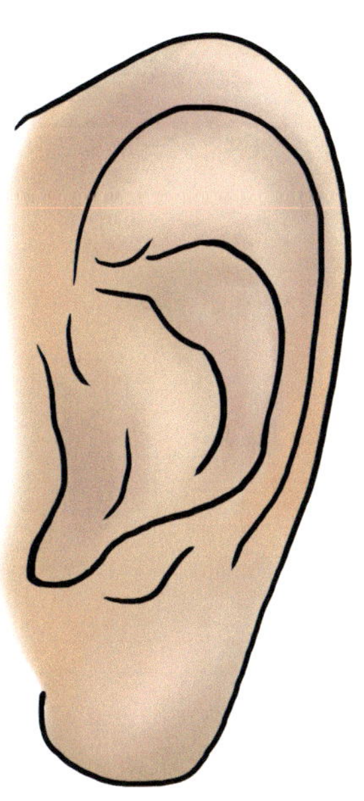

Abb. 7

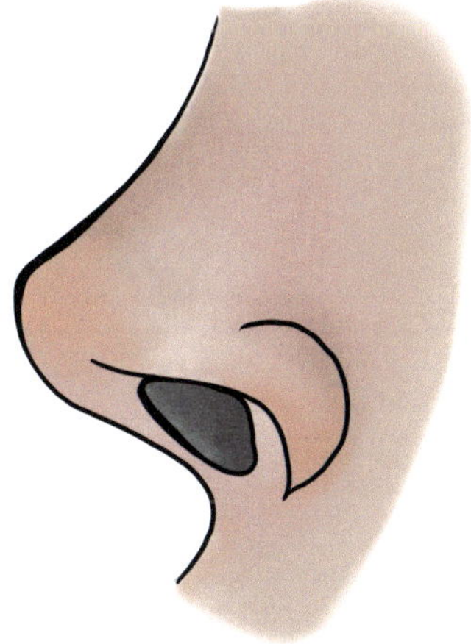

Abb. 8

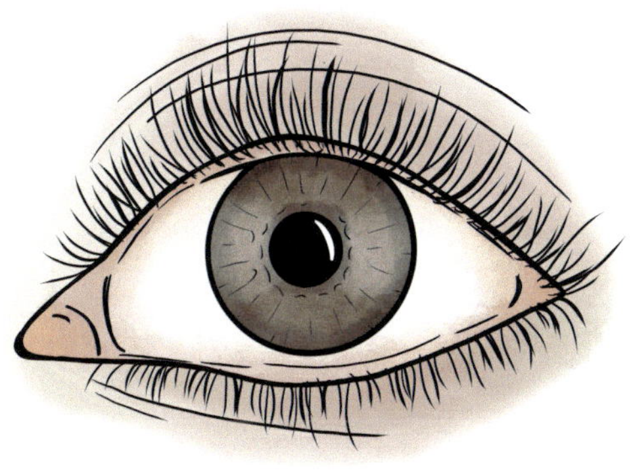

Abb. 9

# Wortspeicher

**Hinweis:** Karten ggf. auf DIN-A3-Format (141 %) vergrößert kopieren, ggf. laminieren und ausschneiden. Blankokarte vervielfältigen und selbst beschriften.

| | | |
|---|---|---|
| hart | weich | dunkel |
| süß | sauer | hell |
| salzig | scharf | leise |
| kalt | warm | laut |
| angenehm/ gut | unangenehm/ schlecht | |

# Quarkmännchen (etwa 10 Stück)

## Anleitung

400.00 — 400 g + 400.00 — 400 g → Schüssel

Baking Soda — 1 Päckchen + VANILLA — 2 Päckchen + 4 x Esslöffel Speiseöl + Milk — 4 x Esslöffel → die Zutaten kneten

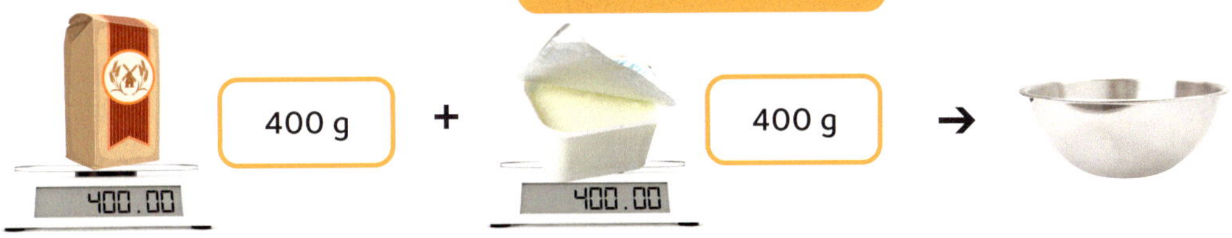

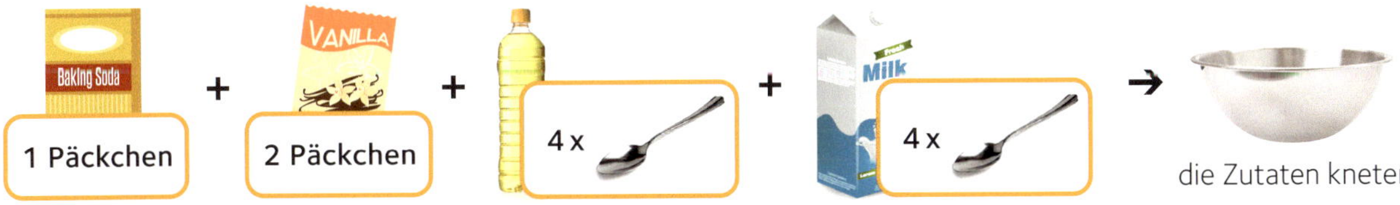

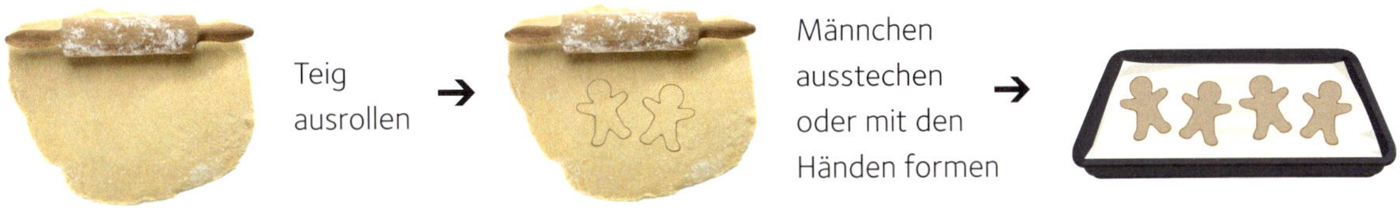

Teig ausrollen → Männchen ausstechen oder mit den Händen formen →

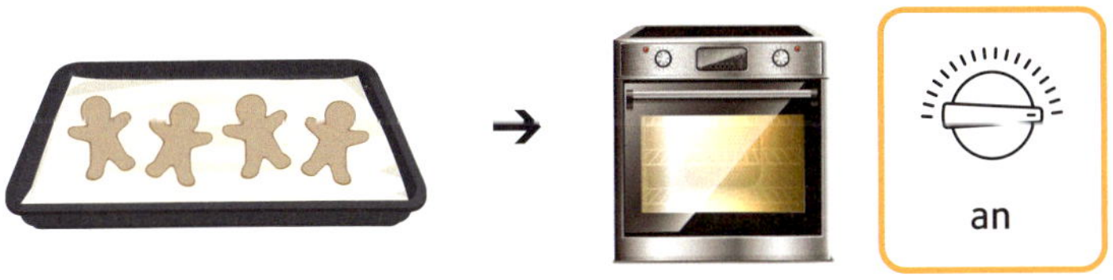

→ an — bei 180 Grad Umluft für 10 min backen

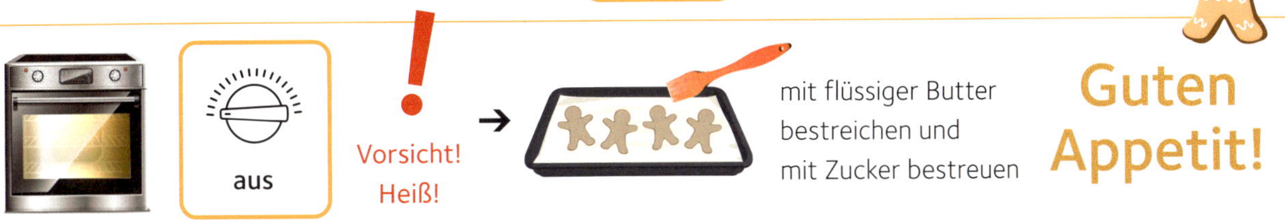

aus — Vorsicht! Heiß! → mit flüssiger Butter bestreichen und mit Zucker bestreuen

**Guten Appetit!**

# Lied der Sinne

Text: Stephanie Kahle, Heike Lüdde
Noten: Lukas A. E. Schmidt
Nach der Melodie von „Bruder Jakob" (Jean-Philippe Rameau)

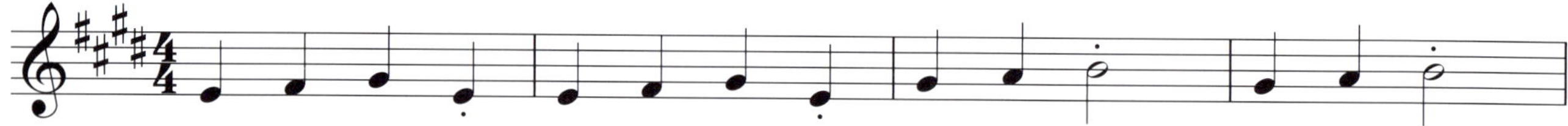


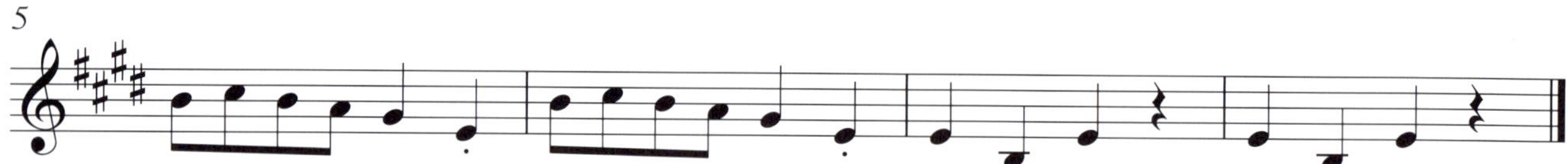

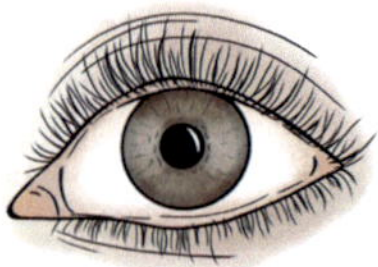

1. Mit den Augen, mit den Augen,
   sehen wir, sehen wir
   all die vielen Farben, all die vielen Farben
   hier im Schloss, hier im Schloss.

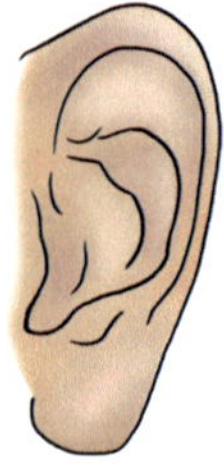

2. Mit den Ohren, mit den Ohren
   hören wir, hören wir,
   all die vielen Töne, all die vielen Töne
   hier im Schloss, hier im Schloss

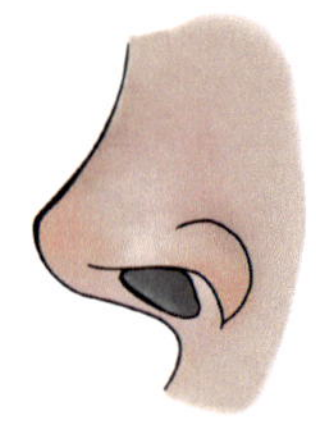

3. Mit der Nase, mit der Nase,
   riechen wir, riechen wir
   all die vielen Düfte, alle die vielen Düfte
   hier im Schloss, hier im Schloss

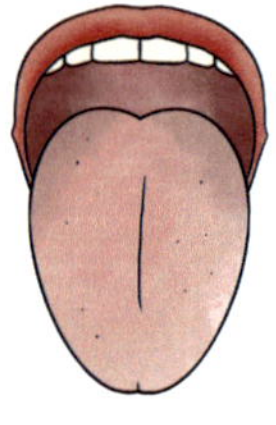

4. Mit der Zunge, mit der Zunge,
   schmecken wir, schmecken wir
   all das leck're Essen, all das leck're Essen
   hier im Schloss, hier im Schloss.

5. Mit der Haut, mit der Haut
   fühlen wir, fühlen wir
   all die tollen Stoffe, all die tollen Stoffe
   hier im Schloss, hier im Schloss.

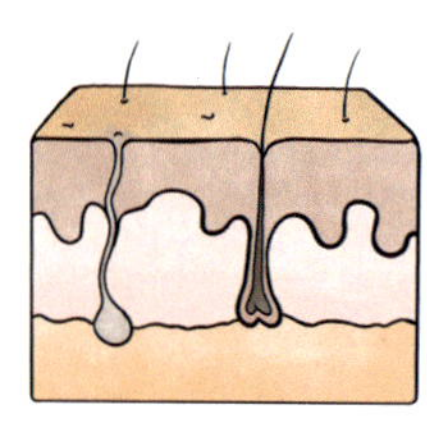

# Tanzfest im Schloss der Sinne (1/4)

| Erzählertext | Hinweise und Ideen für Aktionen (Schüler*innen, Publikum) | Material |
|---|---|---|
| *Vor langer, langer Zeit, als viele Königinnen und Könige, Prinzen und Prinzessinnen prächtige Schlösser bewohnten, da lebten auch fünf Geschwister im Schloss der Sinne in einem fremden Land, weit weg von hier.* | Das „Lied der Sinne" wird instrumental angespielt.<br>Der*die Erzähler*in kommt in die Mitte der Bühne und spricht den links stehenden Text. | ✔ Lied der Sinne (siehe S. 62)<br>✔ Gitarre, alternativ Abspielgerät<br>✔ Kostüm für Erzähler*in<br>✔ Erzählertext (linke Spalte) |
| *Die Geschwister waren drei Prinzen und zwei Prinzessinnen. Sie liebten es alle, zu tanzen. Deshalb fanden im Schloss der Sinne oft Tanzfeste statt.*<br>*Schaut genau und hört gut zu, jetzt kommen die Prinzessinnen und Prinzen.* | Die Geschlechter der Prinz*essinnen werden gemäß der Lerngruppe angepasst.<br>Der/die Erzähler*in tritt an den Bühnenrand und spricht den links stehenden Text. Er*sie gebärdet „Schaut und hört gut zu". | |
| Als Erstes betritt den Raum:<br>*„der Prinz des Sehsinns mit den strahlenden Augen"*<br>*Der Prinz des Sehsinns liebt die Farben. Stets ist er bunt angezogen und seine Augen strahlen mit der Sonne um die Wette.*<br>*Wenn er den Tanzsaal betritt, rufen die Menschen: „Augen, mit denen wir alle Farben sehen. In bunten Kleidern wir zum Tanze gehen."* | Trommelwirbel o. Ä. wird gespielt.<br>ggf. BIGmack® betätigen mit „der Prinz des Sehsinns …".<br>Kind 1 (Prinz*essin des Sehsinns) kommt in bunten Kleidern auf die Bühne und verbeugt sich.<br>Am Ende laufen Kinder (Animationsteam) durch den Gang und schwingen bunte Chiffontücher. | ✔ Trommel, alternativ Tamburin<br>✔ ggf. BIGmack®, besprochen mit „der Prinz des Sehsinns mit den strahlenden Augen"<br>✔ Kostüm Prinz*essin in bunten Farben<br>✔ Krone mit Augen<br>✔ farbige Chiffontücher |

# Tanzfest im Schloss der Sinne (2/4)

| Erzählertext | Hinweise und Ideen für Aktionen (Schüler*innen, Publikum) | Material |
|---|---|---|
| *Hier ist als Zweites:*<br>*„der Prinz des Hörsinns mit den besonderen Ohren“*<br>*Der Prinz des Hörsinns mag die Musik. Immer und überall singt er. Er hat von seinen Geschwistern das beste Gehör.*<br>*Wenn er den Tanzsaal betritt, rufen die Menschen: „Ohren, mit denen wir alle Töne hören, wir singen in wunderbaren Chören.“* | ggf. BIGmack® betätigen mit „der Prinz des Hörsinns …“.<br>Kind 2 (Prinz*essin des Hörsinns) kommt trällernd „la la la la la la“ auf die Bühne, stellt sich neben Kind 1 und verbeugt sich.<br>Am Ende laufen Kinder (Animationsteam) durch den Gang und schwingen Rasseln, Trommeln und schlagen Triangeln. | ✔ ggf. BIGmack®, besprochen mit „der Prinz des Hörsinns mit den besonderen Ohren“<br>✔ Kostüm Prinz*essin<br>✔ Krone mit Ohren<br>✔ verschiedene Musikinstrumente |
| *Jetzt kommt als Drittes:*<br>*„die Prinzessin des Geruchssinns mit der feinen Nase“*<br>*Die Prinzessin des Geruchssinns ist so gerne auf der Blumenwiese vor dem Schlosstor und liebt die Düfte.*<br>*Wenn sie den Tanzsaal betritt, rufen die Menschen: „Nase, mit der wir riechen viele Düfte, steigen hoch in alle Lüfte.“* | Diffuser mit lieblichem (Blumen-)Duft wird angestellt.<br>ggf. BIGmack® betätigen mit „die Prinzessin des Geruchssinns …“.<br>Kind 3 (Prinz*essin des Geruchssinns) kommt im Blumenkleid/T-Shirt/Rock und Blumenstrauß auf die Bühne, stellt sich neben Kind 2 und verbeugt sich.<br>Am Ende laufen Kinder (Animationsteam) durch den Gang und werfen Blütenblätter o. Ä. | ✔ ggf. BIGmack® mit „die Prinzessin des Geruchssinns mit der feinen Nase“<br>✔ Diffuser mit (Blumen-)Duft, alternativ Duftsäckchen an verschiedenen Stellen verteilen<br>✔ Kostüm Prinz*essin mit Blumenmuster<br>✔ Blumenstrauß o. Ä.<br>✔ Krone mit Nase<br>✔ Korb mit Blütenblättern |

# Tanzfest im Schloss der Sinne (3/4)

| Erzählertext | Hinweise und Ideen für Aktionen (Schüler*innen, Publikum) | Material |
|---|---|---|
| *Jetzt betritt als Viertes den Raum:*<br><br>*„die Prinzessin des Geschmackssinns mit der sensiblen Zunge“*<br><br>*Die Prinzessin des Geschmackssinns kocht und backt sehr gerne in der Schlossküche. Zum Tanzfest gibt es leckere Kartoffelsuppe und zum Nachtisch Apfelkuchen.*<br><br>*Wenn sie den Tanzsaal betritt, rufen die Menschen: „Zunge, die sauer, süß, bitter und salzig schmeckt, bei uns den Appetit erweckt.“* | ggf. BIGmack® betätigen mit „die Prinzessin des Geschmackssinns …“<br><br>Kind 4 (Prinz*essin des Geschmackssinns) kommt mit Kochschürze und Kochlöffel auf die Bühne, stellt sich neben Kind 3 und verbeugt sich.<br><br>Am Ende laufen Kinder (Animationsteam) durch den Gang, rühren in Töpfen und sagen wiederholt „Mmmmm, lecker!“. Alternativ verteilen sie Kekse an das Publikum. | ✔ ggf. BIGmack®, besprochen mit „die Prinzessin des Geschmackssinns mit der sensiblen Zunge“<br>✔ Kostüm Prinz*essin mit Kochschürze und Kochlöffel<br>✔ Krone mit Zunge<br>✔ Kochtöpfe mit Kochlöffel, alternativ große Teller mit Keksen o.Ä. |
| *Als Letztes kommt:*<br><br>*„der Prinz mit der samtweichen Haut“*<br><br>*Der Prinz des Tastsinns liebt wunderschöne Stoffe auf seiner Haut. Seine Hände sind sehr gepflegt und sein Lieblingskleidungsstück ist sein Umhang aus kuschelweichem Stoff.*<br><br>*Wenn er den Tanzsaal betritt, rufen die Menschen: „Hände, mit denen wir Form und Wärme fühlen, Kinder gerne im Sandkasten wühlen.“* | *ggf. BIGmack® betätigen mit „der Prinz des Tastsinns …“*<br><br>Kind 5 (Prinz*essin des Tastsinns) kommt mit Umhang aus kuschelweichem Stoff auf die Bühne, betrachtet seine Hände und streicht mit ihnen über seine Kleidung.<br><br>Am Ende laufen Kinder (Animationsteam) durch den Gang und tragen verschiedene Stoffe. Das Publikum bekommt diese zum Befühlen gereicht. | ✔ ggf. BIGmack®, besprochen mit „der Prinz mit der samtweichen Haut“<br>✔ Kostüm Prinz*essin mit samtweichem Umhang<br>✔ Stoffe mit verschiedener Struktur |

# Tanzfest im Schloss der Sinne (4/4)

| Erzählertext | Hinweise und Ideen für Aktionen (Schüler*innen, Publikum) | Material |
| --- | --- | --- |
| *Alle Geschwister sind nun im Tanzsaal der Sinne zusammen:*<br>*die Prinzessinnen und Prinzen des Sehsinns, des Hörsinns, des Geruchssinns, des Geschmackssinns und des Tastsinns.*<br>*„Kommt her und tanzt mit uns!“* | Die fünf Kinder (Prinz*essinnen) stehen nebeneinander. Wird ihr Name genannt, treten sie einen Schritt vor und verbeugen sich nochmals.<br>Am Ende fassen sich alle fünf Kinder an den Händen und rufen:<br>„Kommt her und tanzt mit uns!“ | |
| *Der Tanzsaal füllt sich immer mehr. Die Leute tragen farbenfrohe Kleider in wunderbaren Stoffen, lassen sich leckere Limonaden und den Apfelkuchen schmecken. Es duftet nach Blumen. Überall wird gelacht.* | Diffuser mit lieblichem (Blumen-)Duft wird angestellt.<br>Die Kinder (aus dem Animationsteam) kommen auf die Bühne. Sie tanzen, lachen und trinken Limonade. Ggf. kann das Publikum animiert werden, aufzustehen und mitzutanzen. | ✔ Diffuser mit (Blumen-) Duft, alternativ kleine Lappen mit Duftöl an verschiedenen Stellen verteilen<br>✔ Flaschen mit Limonade (ggf. ungefüllt) |
| *Zur Eröffnung des Tanzballs wird das Lied der Sinne gespielt.* | Das Lied der Sinne wird instrumental angespielt.<br>Nach einer instrumentalen Strophe werden die fünf Strophen gemeinsam gesungen. | ✔ Lied der Sinne (siehe S. 62)<br>✔ Gitarre, alternativ Abspielgerät |
| *Danach tanzen alle noch lange, bis die Beine müde werden und sie nach Hause gehen.*<br>*„Auf Wiedersehen, auf Wiedersehen – der Tag im Schloss war wunderschön!“* | Es wird gewartet, bis wieder mehr Ruhe einkehrt: „Pssssst“.<br>Danach sprechen die Kinder gemeinsam den Abschiedsspruch und winken. Ggf. wird auch ein damit besprochener BIGmack® betätigt. | ✔ ggf. BIGmack®, besprochen mit „Auf Wiedersehen, Auf Wiedersehen – der Tag im Schloss war wunderschön!“ |

# Sinnespfad „Entdeckungsreise durch den Körper“

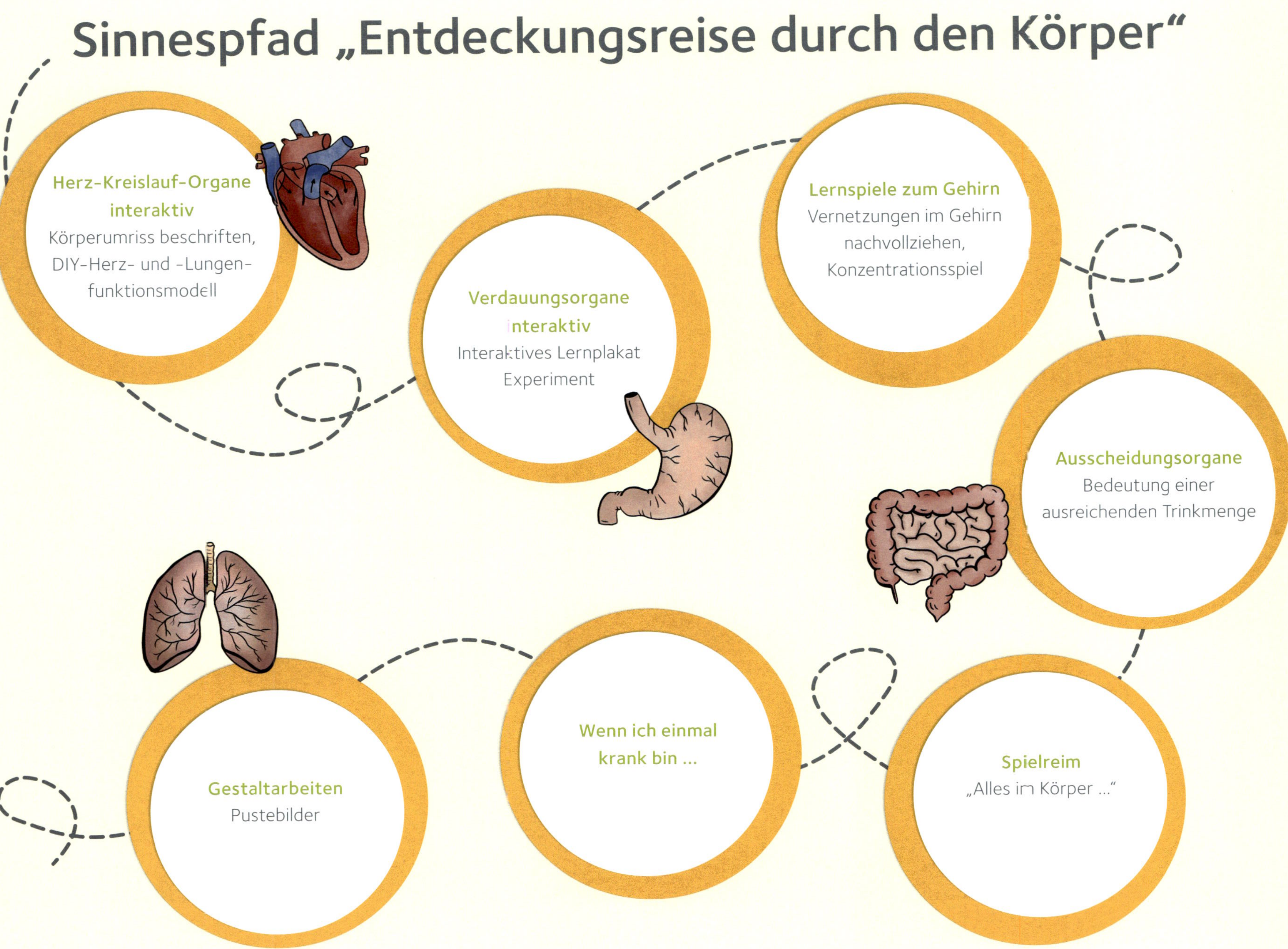

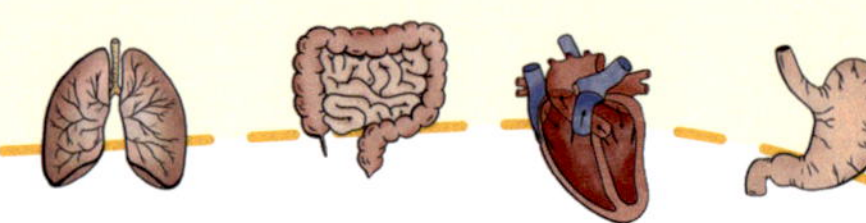

# Sinnespfad „Entdeckungsreise durch den Körper“

*„Unser Körper ist toll. Wir können atmen, in die Hände klatschen oder auch lachen. Wenn wir etwas Neues lernen, merkt er sich das. Damit alles funktioniert, muss alles zusammenarbeiten.*
*In unserem Körper gibt es ganz viele Organe. Das sind Teile an einem bestimmten Ort und mit einer speziellen Aufgabe. So pumpt unser Herz das Blut überallhin. Wenn wir Sport machen, brauchen wir mehr Sauerstoff (Luft) und atmen öfter. Das Herz schlägt dann auch schneller, um das Blut schneller zu pumpen.*
*Organe, die besonders gut zusammenarbeiten und miteinander verbunden sind, werden als Organsystem zusammengefasst.“*

Die Abläufe im Körper sind kompliziert, können aber, didaktisch reduziert, vereinfacht dargestellt werden. Kinder nehmen ihren Körper auf unterschiedliche Weise war.
Sie sehen sich im Spiegel, lokalisieren Berührungen und bemerken äußerliche Merkmale an sich und anderen Menschen. Dazu kommt das Interesse, wie der Körper funktioniert und was im Inneren passiert: Woher kommt das Klopfen in der Brust, was sind das für blaue Linien am Arm und warum grummelt es manchmal im Bauch?
Im nachfolgenden Kapitel wird eine Reduktion der Organsysteme auf das Herz-Kreislauf-System, das Verdauungssystem, das Gehirn und die beiden Exkretionsorgane Leber und Niere vorgenommen. Die Geschlechtsorgane werden detaillierter im Band „Pubertät und Sexualität. Differenzierbare Unterrichtsideen für Schüler*innen mit intensivem Förderbedarf“ betrachtet.
Die Schüler*innen können mit dem nachfolgenden Sinnespfad

- ihr Körperschema ausdifferenzieren,
- Wortschatz und Sachwissen zum menschlichen Körper erweitern,
- eine Wertschätzung für das Wunderwerk Körper entwickeln,
- Organfunktionen erproben und in Grundzügen beschreiben.

## Herz-Kreislauforgane interaktiv

*„Unser Körper braucht Sauerstoff. Damit dieser in den Körper kommt, müssen wir atmen. Das ist Aufgabe der Atmungsorgane. Die Luft, die wir einatmen, gelangt durch die Luftröhre in die Lunge. Die Lunge liegt geschützt hinter den Rippen und besteht aus zwei Lungenflügeln. Sie hat die Aufgabe, den Sauerstoff der Luft ins Blut abzugeben.*

*Damit das Blut in jeden Teil des Körpers gelangt, pumpt das Herz wie ein Motor. Das Herz ist ein kräftiger Muskel. Es zieht sich zusammen und entspannt dann wieder. Ohne müde zu werden, schlägt das Herz – Tag und Nacht. So strömt das Blut immer durch den Körper. Das Blut geht dabei nicht verloren und kommt immer wieder zum Herzen zurück. Das nennt man Blutkreislauf.*
*Arbeitet das Herz nicht richtig, gelangt kein frisches Blut in die anderen Organe. Sie können dann nicht mehr richtig arbeiten.“*

### Material

- ✔ 2 lange, weiße Tapetenbahnen (2 m), alternativ Körperumriss S. 84
- ✔ Zeichenutensilien, Schere, Kleber
- ✔ Bildvorlage „Herz und Lunge“ (siehe S. 76), vergrößert kopiert oder andere Abbildungsvarianteergänzen: ggf. Stethoskop, Trommel

### Material für DIY-Herzfunktionsmodell:

- ✔ 2 Trinkhalme
- ✔ Luftballon, Nadel
- ✔ Trinkglas
- ✔ Lebensmittelfarbe rot o. Ä.
- ✔ Schere, ggf. Gummiband oder Klebestreifen
- ✔ Geschirrtuch

### Material für DIY-Lungenfunktionsmodell:

- ✔ Luftballon (= Zwerchfellballon)
- ✔ herzförmiger Luftballon (= Lungenballon)
- ✔ leere, eindrückbare Plastikflasche (0,75 l oder 1 l)
- ✔ Schere, Klebeband
- ✔ Schreibutensilien

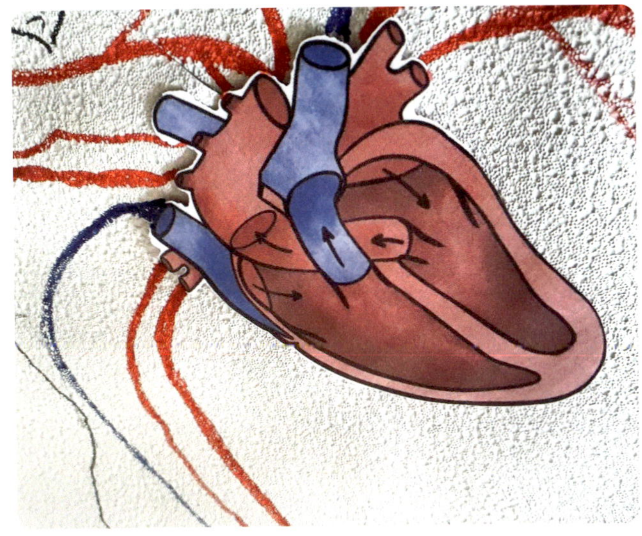

### Umsetzung

Die Schüler*innen spüren ihren Herzschlag (z. B. Hand auf Brust legen) und beim tiefen Ein- und Ausatmen das Heben sowie Senken des Brustkorbs. Sie betrachten ihre Blutadern (z. B. an der Armbeuge).
Besprechen Sie die beteiligten Organe Herz und Lunge. Was mit der Luft passiert, die wir einatmen, wird auf zeichnerischer Ebene in Lebensgröße nachvollzogen: Kleben Sie zwei Tapetenbahnen aneinander und befestigen Sie diese mit Klebestreifen auf dem Boden. Die Umrisse des Körpers eines*einer Lernenden werden mit einem dicken Stift umrandet. Abbildungen von Herz und Lunge werden an korrekter Stelle eingeklebt und verschiedene Blutbahnen gezeichnet. Die Blutgefäße ziehen sich durch den ganzen Körper. Die Herzfunktion wird dabei nachvollziehbar. Besprechen Sie den Blutkreislauf. Sauerstoffreiche Arterien können rot und sauerstoffarme Venen blau eingezeichnet werden.

### Differenzierungsmöglichkeiten

Besprechen Sie weitere Fakten zum Herz und zur Lunge (z. B. etwa 5 l Blut und 15 Atemzüge pro Minute beim Erwachsenen, Blutbestandteile, Bronchien, Zwerchfell). Die Lernenden schreiben dazu kleine Stichpunktzettel und kleben diese an die entsprechende Stelle im Körperumriss des Plakats.
Stärke und Schnelligkeit des Herzschlags sind mit dem Zeige- und Mittelfinger an der Innenseite des Handgelenks als Puls in Ruhe und nach Bewegung messbar. Des Weiteren kann der Herzschlag mittels Stethoskops und/oder als Grundrhythmus auf einer Trommel hörbar werden.
Die Lernenden nehmen die Atmung bewusst wahr und vollziehen die Notwenigkeit nach, indem sie kurz die Luft anhalten und den Drang zum Luftholen spüren.

Für ein reduziertes Herzfunktionsmodell (siehe Foto links) wird das Mundstück eines Luftballons abgeschnitten. Der verbliebene Teil wird über ein mit rot eingefärbtem Wasser gefülltes Trinkglas gestülpt und ggf. mit Klebeband fixiert. Vorsichtig werden in den Luftballonlatex zwei Löcher gestochen und in diese zwei Trinkhalme gesteckt. Wird durch (rhythmisches) Drücken des Latex nun das Herzpumpen simuliert, fließt das Wasser durch die geänderten Druckverhältnisse aus den Trinkhalmen heraus (Blutfluss). Ein Geschirrtuch fängt herauslaufendes Wasser auf. Nimmt man statt eines Glases einen Plastikbecher o. Ä., kann das auslaufende Wasser durch die Trinkhalme zurück in den Becher geführt werden, sodass der Kreislauf exakter verdeutlicht werden kann.

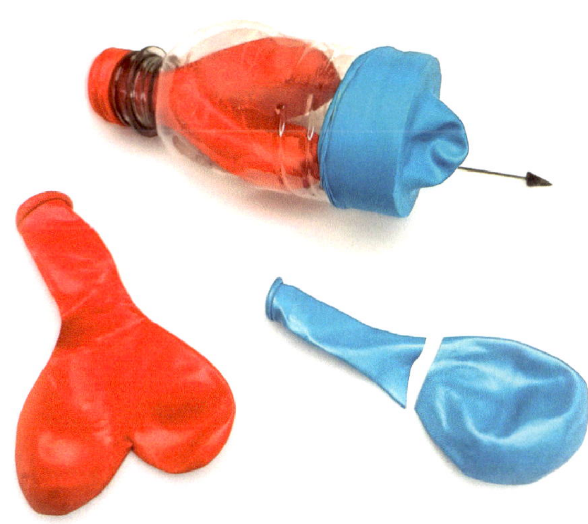

Illustrationen Organe (auch im Foto verwendet): Verena Kasparbauer (Instagram: @Littleclipartfactory)

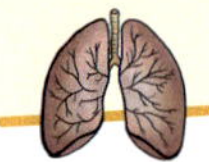
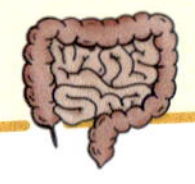
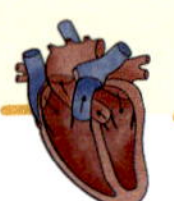

Für ein Lungenfunktionsmodell (siehe Foto S. 69) wird eine Plastikflasche halbiert. Mit der unteren Hälfte eines Luftballons wird das Zwerchfell dargestellt und an der großen Flaschenöffnung fixiert. In den Flaschenhals wird der herzförmige Luftballon als Lungenflügelnachbildung gesteckt, an der Öffnung umgestülpt und ebenfalls festgeklebt. Ein vorsichtiges Ziehen am Zwerchfellballon simuliert das Einatmen und man kann beobachten, wie sich der Lungenballon durch Unterdruck mit Luft füllt.

## Verdauungsorgane interaktiv

*„Unser Körper hat viel zu tun. Dazu braucht er Sauerstoff und Nährstoffe. Die Nährstoffe bekommt er aus dem Essen und Trinken.*
*Das Essen wird im Mund durch die Zähne zerkleinert. Der Speichel macht den Brei weicher und enthält Stoffe, die bei der Verdauung helfen. Verdauung heißt, dass unsere Nahrung in kleinste Teile zerlegt wird. Wenn wir schlucken, rutscht das Essen und Trinken durch die Speiseröhre in den Magen. Dort hilft Magensäure bei der Verdauung. Der Nahrungsbrei wandert weiter in den Dünndarm. Hier werden die Nährstoffe herausgefiltert und an das Blut abgegeben. Das Blut verteilt die Nährstoffe im Körper. Im Dickdarm wird dem Rest vom Nahrungsbrei Wasser entzogen. So entsteht der Kot. Dieser wird auf Toilette ausgeschieden. Auf Toilette sitzen wir wie auf einem Stuhl. Deshalb nennt man das auch Stuhlgang.“*

### Material

- ✔ Pappe ca. 40 x 60cm, alternativ Tonpapier in DIN-A2-Format
- ✔ Bleistift, Radiergummi, Buntstifte
- ✔ Fasermalstift schwarz
- ✔ 12 Röhrennudeln (z. B. Tortiglioni), Schnürsenkel, Heißkleber
- ✔ Bild- und Wortvorlagen „Magen, Darm, Nieren, Leber“ (siehe S. 77)

### Material zur Differenzierung

- ✔ Laminierutensilien, Klettklebepunkte
- ✔ 4 Schälchen, 2 Toastscheiben, Wasser, Löffel
- ✔ (alte) Strumpfhose, z. B. aus Nylon

### Umsetzung

Die Lernenden beobachten und beschreiben Kau- und Schluckbewegungen. Sie sind entwicklungsorientiert in die Erstellung eines interaktiven Lernplakats einbezogen. Der Umriss des Verdauungssystems wird, auf Kernelemente reduziert, auf einer Pappe mit Bleistift vorgezeichnet, mit schwarzem Filzstift nachgefahren und die Abschnitte Mund, Speiseröhre, Magen, Dünndarm, Dickdarm sowie Enddarm verschiedenfarbig ausgemalt. Die Röhrennudeln werden entlang des Verdauungsweges aufgeklebt. Durch Fädeln eines Schnürsenkels kann die korrekte Reihenfolge nachvollzogen und besprochen werden.
Als weiteres Tafelmaterial kann die Abbildung auf S. 77 dienen.

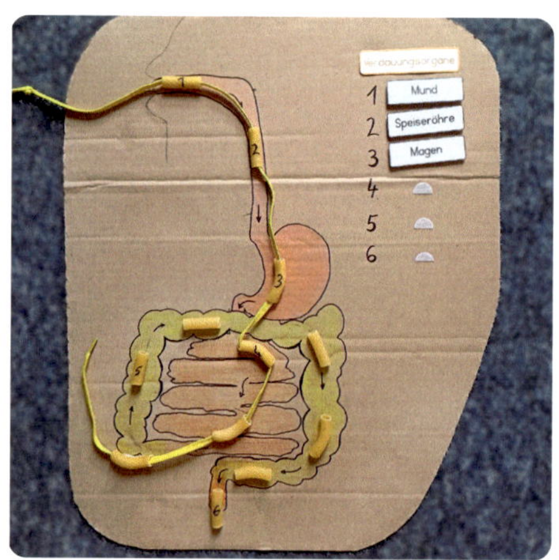


### Differenzierungsmöglichkeiten

Beschriften Sie sechs Nudeln auf dem Lernplakat mit den Zahlen von 1 bis 6 an entsprechender Stelle der Verdauungsorgane Mund, Speiseröhre, Magen, Dünndarm, Dickdarm und Enddarm. Die Wortkarten (siehe S. 79) werden kopiert, laminiert und ausgeschnitten. Mit Klettpunkten versehen, dienen sie als Klettmatte.
Unter Verwendung der Übersicht „Gehirnfutter“ (siehe S. 81) können unterschiedliche Nährstoffe besprochen werden.
Zur Veranschaulichung der Bedeutung des Kauvorgangs befüllen die Lernenden vier Schälchen mit unterschiedlich weit zerkleinerter Toastbrotscheibe. Danach wird zu jedem Schälchen etwas Wasser hinzugegeben. Je weiter die Toastbrotscheibe zerkleinert wurde, desto weniger ist ein Zerdrücken (mit Löffel) nötig, um daraus einen Nahrungsbrei herzustellen.

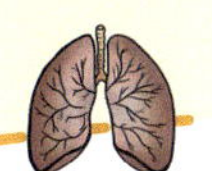
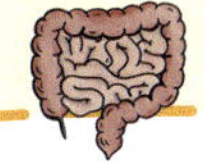
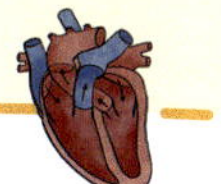
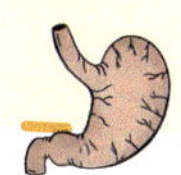



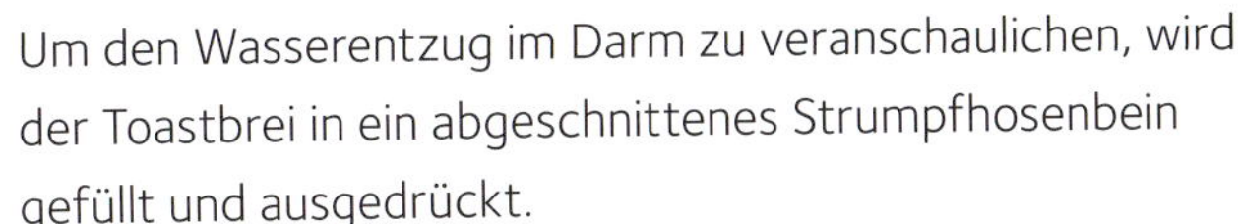

Um den Wasserentzug im Darm zu veranschaulichen, wird der Toastbrei in ein abgeschnittenes Strumpfhosenbein gefüllt und ausgedrückt.

## Lernspiele zum Gehirn

*„Im Kopf ist die Schaltzentrale unseres Körpers: das Gehirn. Es steuert alles, was wir denken, fühlen und tun. Informationen, die unser Körper von innen (z. B. Hunger) und von draußen (z. B. „Es ist kalt.") erhält, werden im Gehirn gesammelt. Es gibt dann Befehle. Das Gehirn besteht aus Nervenzellen und ist durch lange Leitungen, die Nerven, mit jedem Teil unseres Körpers verbunden. So gelangen Informationen aus allen Körperteilen zum Gehirn und auch wieder zurück. Spielen wir Ball und sehen, dass ein Ball zu uns geflogen kommt, reagiert das Gehirn blitzschnell und gibt an die Muskeln unserer Arme den Befehl: ‚Ball fangen'.*

*Das Gehirn ist ein bisschen wie ein Computer. Alles, was wir lernen, wird gespeichert. Man kann das Gehirn in drei Teile einteilen. Der größte Teil des Gehirns ist das Großhirn. Es ist für das Lernen, unsere Gefühle und unsere Gedanken zuständig.*
*Das Kleinhirn übernimmt die Steuerung der Bewegung und das Gleichgewicht.*
*Im Stammhirn wird alles gesteuert, was uns am Leben erhält. So atmen wir, schlafen, bekommen Hunger und unser Herz schlägt – ohne dass wir daran denken müssen."*

### Material

- ✔ Kopier- und Ausschneidvorlage „Teile des Gehirns" (siehe S. 78)
- ✔ Bildvorlage „Zusammenarbeit im Gehirn" (siehe S. 80)
- ✔ Wollknäuel

### Material zur Differenzierung:

- ✔ Kopiervorlage „Gehirnfutter" (siehe S. 81)
- ✔ Kopiervorlagen „Was siehst du doppelt?" (siehe S. 82/83) damit die Bilder auf der Rückseite nicht durchscheinen, bevorzugt auf Tonzeichenpapier kopieren, laminieren und ausschneiden

### Umsetzung

Besprechen Sie lerngruppenangepasst die Aufgaben des Gehirns. Dazu kann die Kopiervorlage „Teile des Gehirns" genutzt werden. Die Lernenden schneiden die Wortkarten aus und ordnen sie dem entsprechenden Gehirnteil zu.
Um zu verstehen, wie Lernen funktioniert, eignet sich ein kooperatives Spiel: Die Schüler*innen stehen oder sitzen im Kreis. Erklären Sie den Lernenden, dass sie die Nervenzellen im Gehirn darstellen. Halten Sie den Anfang eines Wollknäuels fest, nennen Sie etwas, was Sie gut können (alternativ: Lieblingsbeschäftigung o. Ä.), und werfen Sie das Wollknäuel weiter. Der*die Nächste fängt das Wollknäuel, nennt auch etwas, was er*sie gut kann, hält am Faden fest und wirft das Knäuel weiter. Dieser Vorgang wird wiederholt, bis die Kinder ein dichtes Netz gesponnen haben. Schwieriger ist es, wenn nach dem Spielprinzip „Ich packe meine Koffer …" das Netz gesponnen wird, d. h. das Gesagte der Vorgänger genannt werden soll.
Die Lernenden vollziehen den Lernprozess nach und können sich beim Spiel mithilfe von Tipps auch gegenseitig helfen: Das neuronale Netz schafft neue Verbindungen und wird dichter. Im Sinne eines Wachstumsdenkens sind Lernen und Veränderung möglich. Fällt beispielsweise das Wollknäuel herunter, wird es wieder aufgehoben und weiter geht es. Nutzen Sie dünne Wolle, kann man einen Faden leicht zerreißen. Ist das Netz dicht gesponnen und hat man mehrere Runden des Spiels gespielt, sind die Fäden zusammen dicker und können schwerer zerrissen werden. Schlussfolgern und visualisieren Sie im Klassenraum positive Affirmationen:

Illustrationen Organe: Verena Kasparbauer (Instagram: @Littleclipartfactory)

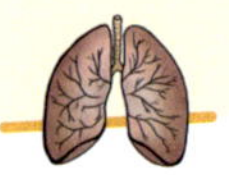
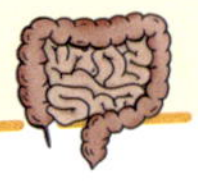
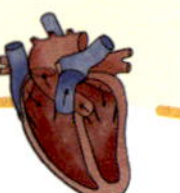

- Ich kann es NOCH nicht!
- Würfle ich das Wort „Fehler" durcheinander, wird es ein HELFER.
- Versuch macht klug!
- Durchhalten lohnt sich! Ich helfe anderen und nehme Hilfe an!

### Differenzierungsmöglichkeiten

Besprechen Sie weitere interessante Fakten zum Gehirn (z. B. Unterteilung in linke und rechte Gehirnhälfte, Rückenmark als Verbindung von allen Körperteilen mit dem Gehirn). Die Lernenden können Vermutungen darüber anstellen, was dem Gehirn bei seiner Arbeit hilft. Dazu zählen Bewegung an der frischen Luft und die Versorgung mit wichtigen Nährstoffen. Eine Übersicht findet sich auf S. 81.
Ein Spiel, welches Reaktionsvermögen, Konzentration und Wortschatz fördert, ist „Was siehst du doppelt?" nach der Spielidee des Kartenspiels „Dobble" der Firma Asmodee Group. Kopieren Sie die Bilder bevorzugt auf Tonzeichenpapier, damit sie auf der Rückseite nicht durchscheinen. Laminieren und schneiden Sie sie aus.
Die Karten liegen verdeckt auf einem Stapel. Eine Karte wird umgedreht. Dazu wird eine weitere Karte aufgedeckt, sodass zwei Karten offen auf dem Tisch liegen. Die Spieler*innen versuchen so schnell wie möglich, dass doppelte Organ (mit Artikel) zu nennen. Ist das richtig, nehmen sie eine der aufgedeckten Karten an sich und decken eine weitere Karte vom Stapel auf. Gewonnen hat, wer die meisten Karten hat. Alternativ wird eine der Karten wieder unter den Stapel gelegt und eine Punkte-Liste geführt.

## Ausscheidungsorgane

*„In jedem Körper gibt es zwei Nieren, welche den Körper sauber halten. Sie funktionieren wie Filter. Alles, was der Körper nicht mehr braucht oder giftig ist, wird herausgefiltert und dann mit dem Urin aus dem Körper rausgebracht. Das nennt man Ausscheidung. Die Nieren bringen also Abfallstoffe aus dem Blut heraus (aber auch Drogen und Gifte).*

*Ähnlich wie die Nieren hilft die Leber bei der Entgiftung, z. B. bei Medikamenteneinnahme. Die Leber macht viele Dinge gleichzeitig. Sie säubert nicht nur das Blut, sondern hilft auch bei der Verdauung und speichert Nährstoffe."*

### Material

- ✔ Kaffeepulver, Kaffeefilter (in Kaffeefilterhalter), Wasser
- ✔ etwa 8 gleich große Trinkgläser/-becher
- ✔ Malutensilien, weißes Papier
- ✔ Bildvorlagen „Magen, Darm, Leber, Nieren" (siehe S. 77)

### Umsetzung

Erklären Sie im Unterrichtsgespräch, dass die Nieren und die Leber genügend Wasser brauchen, um gut arbeiten zu können. Deshalb bekommen wir auch Durst, wenn wir zu wenig trinken. Zum Trinken eignen sich am besten Wasser oder ungesüßter Tee.
Veranschaulichen lässt sich die Bedeutung des Trinkens, indem man Kaffeepulver in einem Kaffeefilter Wasser hinzufügt. Ohne Wasser wird nicht gefiltert.
Die Deutsche Gesellschaft für Ernährung empfiehlt auf ihrer Internetseite www.gde.de eine Wasserzufuhr durch Getränke von rund 1 000 ml für Sieben- bis Neunjährige, rund 1 200 ml für Zehn- bis Zwölfjährige, rund 1 350 ml für 13- bis 14jährige und 1 550 ml für Jugendliche bis 18.
Besprechen Sie das Thema „Schwitzen bei Hitze und Sport". Dieser Wasserverlust muss durch eine erhöhte Trinkmenge ausgeglichen werden.

Je nach Alter der Lerngruppe und je nach Volumen der genutzten Trinkbecher verdeutlichen sie die empfohlene Tagestrinkmenge anhand von Trinkbechern (z. B. entsprechen 1 550 ml etwa acht Trinkbechern mit 200 ml). Die Schüler*innen können sich entsprechend acht Becher aufzeichnen und durch Ausmalen kontrollieren, ob sie ihre Trinkmenge gut an einem Tag erreicht haben. Alternativ werden Becher und Flaschen aufgemalt, die sie über den Tag verteilt trinken.

### TIPP: Smoothie „Fit und munter"

Bereiten Sie unter entwicklungsorientiertem Einbezug der Lernenden einen gesunden Smoothie im Mixer zu. Dieser enthält viele Vitamine, Mineral- sowie Ballaststoffe und ist damit ein richtiger Fitmacher, nicht nur für das Gehirn. Je nach Belieben kann er mit Wasser oder ungesüßtem Apfelsaft verdünnt werden.

Zutaten:

- ✔ 1 geschälte Banane
- ✔ 1 kleines Schälchen voll Spinat
- ✔ 1 kleines Schälchen voll Beeren (ggf. tiefgefroren)
- ✔ 1 TL Speiseöl
- ✔ 200 ml ungesüßter Apfelsaft

## Spielreim „Alles im Körper ..."

### Material

- ✔ Spielreim „Alles im Körper ..." (siehe unten)

### Material zur Differenzierung:

- ✔ Bildvorlagen Gehirn, Herz, Lunge, Magen, Darm, Nieren, Leber (siehe S. 76, 77), alternativ Schülertorso
- ✔ Kopiervorlage „Organe zeigen und anmalen" (siehe S. 84)

### Umsetzung

Die Lernenden befinden sich in angenehmer Liege- oder Sitzposition. Der Spielreim wird vorgelesen. Beim zweiten (langsamen) Vorlesen sprechen die Lernenden ggf. bereits mit und führen lerngruppenangepasst eine vorgezeigte Bewegung aus.

<u>Spielreim:</u>

**Alles im Körper ...**

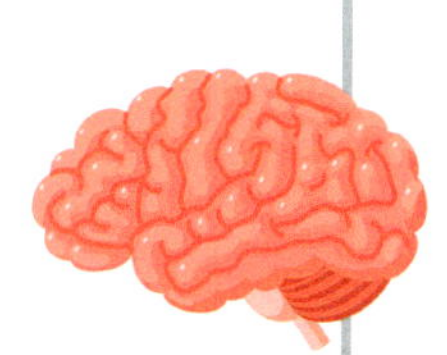

Alles im Körper steuert das Gehirn,
es ist im Schädel hinter deiner Stirn.
*(Stirn antippen, Gebärde „denken")*

Egal ob du rennst oder dir die Nase reibst –
du brauchst Energie, damit du gesund bleibst.
*(auf der Stelle rennen, Nase reiben, Arm anspannen und Muskeln zeigen)*

Atme tief ein und aus – die Lunge holt Sauerstoff
aus der Luft heraus.
*(Hände an die Brust, tief einatmen)*

Essen bringt Kraft und wird im Mund gekaut –
dann weiter in Magen und Darm verdaut.
*(kauen, Bauch mit der Hand reiben)*

Das Herz pumpt all dein Blut
durch jede Ader, dann geht's dir gut.
*(Herzschlag fühlen, ggf. Puls messen)*

Alles im Körper arbeitet zusamm'
Richtig toll, was er alles kann!

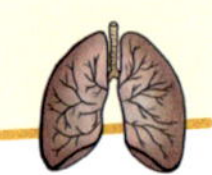
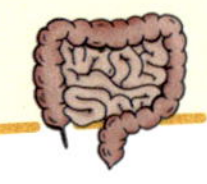
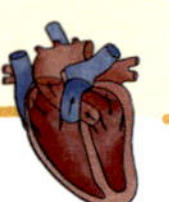

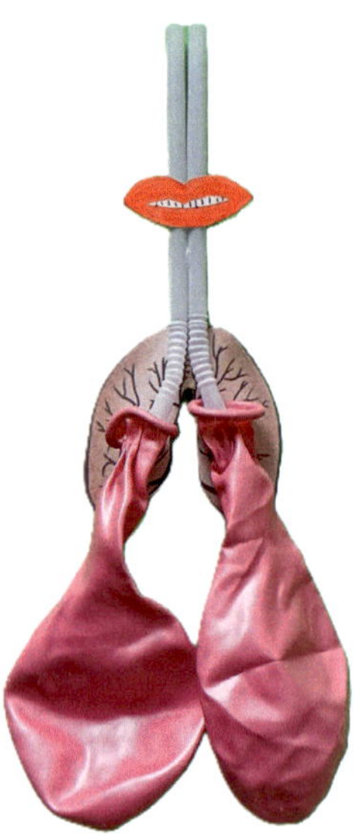

### Differenzierungsmöglichkeiten

Nutzen Sie Bildvorlagen der Organe (z. B. S. 76) oder Modelle aus einem Schülertorso. Diese werden benannt und an der passenden Stelle des Spielreims gezeigt. Des Weiteren kann die Kopiervorlage auf S. 84 für vielfältige Übungen dienen (z. B. „Zeige das Herz. Male aus.")

## Wenn ich einmal krank bin ...

*„Unsere Hände sind sehr wichtig. Wir brauchen sie ständig und überall (z. B., wenn wir uns am Treppengeländer festhalten). Dabei haben die Hände immer Kontakt zu Bakterien und Viren, die uns krank machen können. Wenn jemand erkältet ist und hustet, kommen die Krankmacher in die Luft. Dann können wir sie einatmen.*
*Es ist wichtig, die Hände gut zu waschen und den Raum immer mal wieder zu lüften. Wenn wir doch krank werden, helfen Ärzte und Ärztinnen. Mit Hausmitteln können wir unseren Körper unterstützen, wieder gesund zu werden."*

### Material

- ✔ Kopiervorlagen „Das hilft bei ..." (siehe S. 85)
- ✔ verschiedene Kräutertees, Honig
- ✔ Rezept für „Zwiebelsaft und Thymiansalbe" und dort aufgeführte Utensilien und Zutaten (siehe S. 86)

### Material zur Differenzierung

- ✔ Kopiervorlage „Erste Hilfe" (siehe S. 87)
- ✔ Pflaster, Verbandsmaterial
- ✔ für Wadenwickel: lauwarmes Wasser, 2 Geschirrtücher aus Baumwolle, 2 Handtücher, warme Decke

### Umsetzung

Tragen Sie mit den Lernenden Vorerfahrungen zusammen: „Erinnert euch, als ihr einmal krank gewesen seid. Was hat euch geholfen? Welche Hausmittel kennt ihr?" Nutzen Sie die Kopiervorlage „Was hilft bei ..." (siehe S. 85) für ein Unterrichtsgespräch. Kochen Sie verschiedene Kräutertees auf (z. B. Kamille, Pfefferminze, Thymian) und besprechen Sie den Nutzen bei Krankheiten. Die Lernenden riechen die Düfte und schmecken die Tees mit und ohne Honig. Nutzen Sie gerne Kräuter aus Ihrem Schulgarten. Heilkräuter können in einem Apotheken-Beet gepflanzt werden (siehe S. 85).
Bereiten Sie mit den Rezeptblättern unter entwicklungsbezogenem Einbezug der Lernenden einen Zwiebelsaft und/oder Thymiansalbe zu.

### Differenzierungsmöglichkeiten

Besprechen Sie den Flucht- und Rettungsplan der Schule sowie einfache Erste-Hilfe-Maßnahmen. Das Absetzen eines Notrufs, die Schocklagerung, die stabile Seitenlage, Pflasterkleben und Verbandanlegen sollten besprochen und geübt werden. Hierzu können ebenfalls Plakate zur Ersten Hilfe der Dt. Gesetzlichen Unfallversicherung DGUV im Unterrichtsgespräch eingesetzt werden. Diese sind im Internet herunterladbar.
Für Wadenwickel werden zwei Geschirrtücher in lauwarmes Wasser getränkt (etwa 20 °C, bei kleinen Kindern etwas wärmer), ausgewrungen und um je eine Wade gelegt. Als zweite Schicht wird die Wade mit einem Handtuch umwickelt. Abschließend werden die Beine mit einer Decke zugedeckt.

## Gestaltarbeiten „Pustebilder"

### Material

- ✔ Wasserfarben, Malutensilien
- ✔ feuchter Waschlappen, Handtuch zum Abtrocknen
- ✔ weißes Papier in DIN-A4-Format, gut geeignet ist stärkeres Papier 100 g/m²
- ✔ Strohhalm

### Material zur Differenzierung

- ✔ Haartrockner
- ✔ Luftballon
- ✔ Luftpumpe
- ✔ für ein Lungenabbild: Pappe, Bleistift, Schere

### Umsetzung

Die Wassermalfarbe wird mit viel Wasser verrührt und auf weißes Papier gekleckst. Mit den Ausatemstrom wird die Farbe mithilfe eines Strohhalms verpustet. Wird das Blatt gedreht, kann die Farbe in alle Richtungen verpustet werden.

### Differenzierungsmöglichkeiten

Anstelle des Strohhalms und der eigenen Ausatemluft kann die Malfarbe mithilfe eines Haartrockners, einer Luftpumpe oder auch durch Loslassen der Öffnung eines aufgeblasenen Luftballons verpustet werden.
Schneiden Sie aus Pappe zwei Lungenflügel aus und malen Sie diese hellrosa an. Wird nun dunkelrote oder blaue Farbe verpustet, werden damit die Bronchien dargestellt.

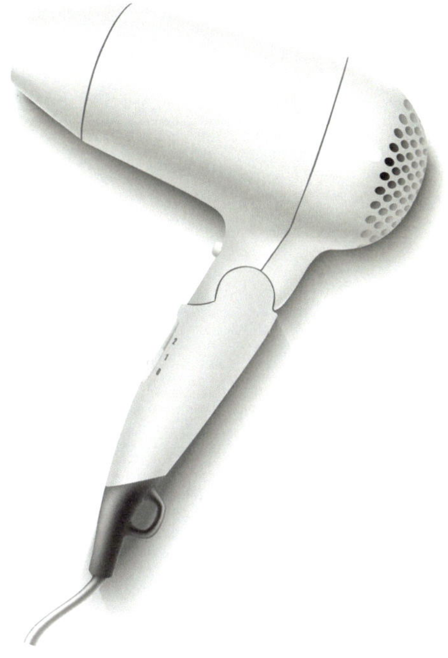

# Herz und Lunge

**Hinweis:** als Tafelmaterial auf DIN-A3-Format (141 %) vergrößert kopieren, ggf. laminieren und ausschneiden

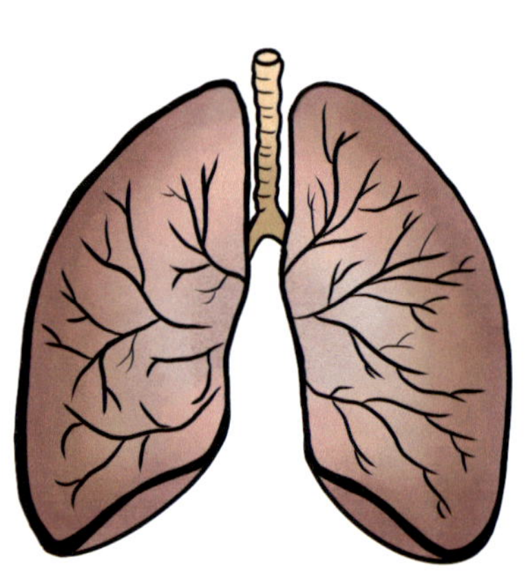

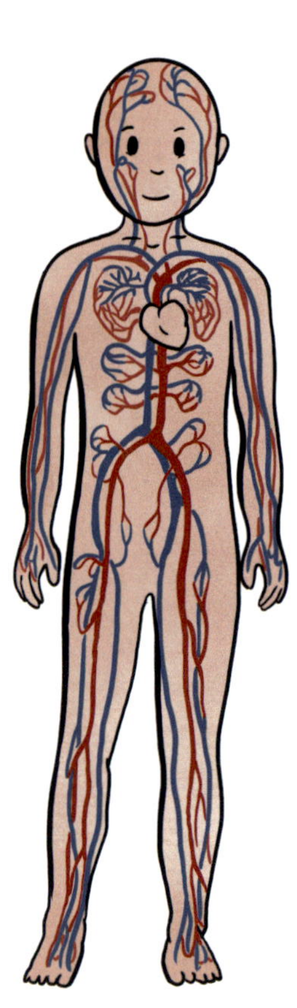

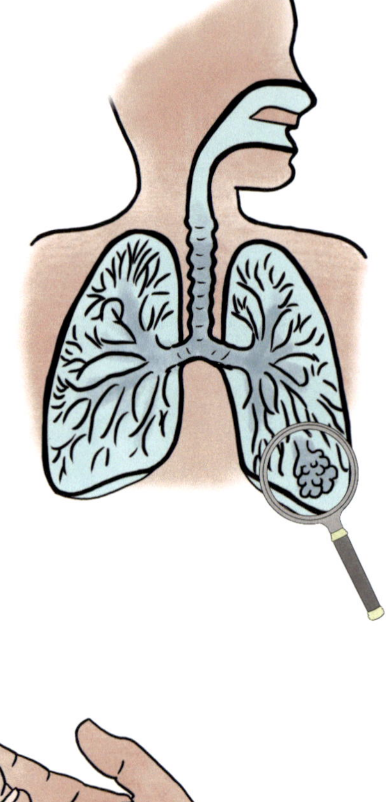

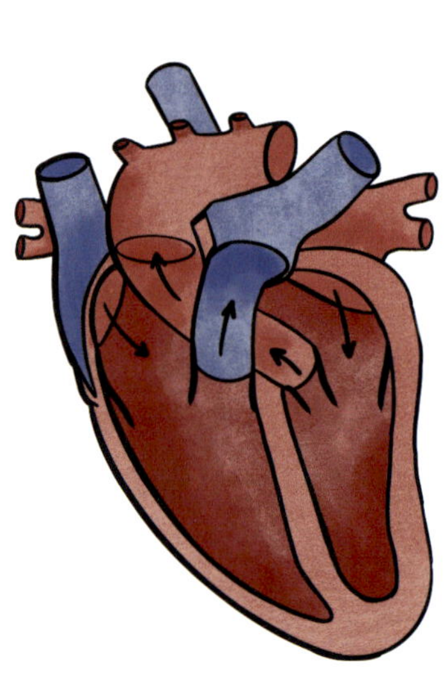

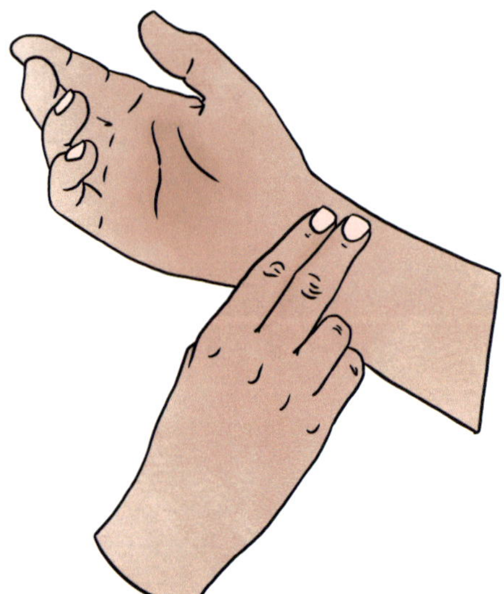

# Bild- und Wortvorlagen: Magen, Darm, Nieren, Leber

**Hinweis:** als Tafelmaterial auf DIN-A3-Format (141 %) kopieren, ggf. laminieren und ausschneiden

| Verdauungsorgane | |
|---|---|
| Enddarm mit After | |
| Mund | Speiseröhre |
| Magen | Dünndarm |
| Dickdarm | |

# Teile des Gehirns (1/2)

Stammhirn

Kleinhirn

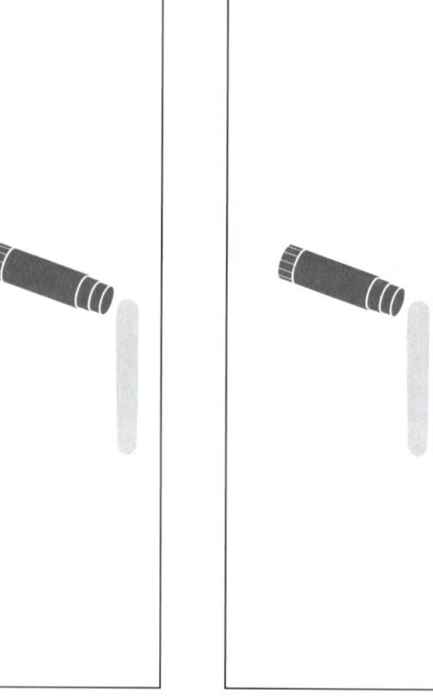

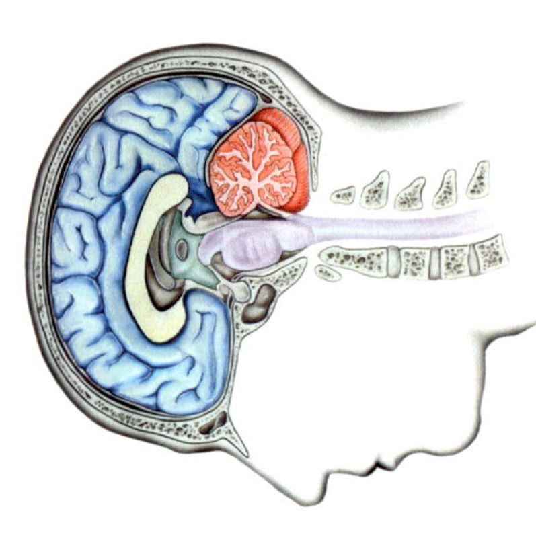

Großhirn

**Lösungswörter:**
Großhirn (Lernen, Gedanken, Gefühle, Gedächtnis), Kleinhirn (Bewegung, Gleichgewicht), Stammhirn (Atmung, Herzschlag, Schlaf, Durst)

# Teile des Gehirns (2/2)

| Gedanken | Atmung |
|---|---|
| Bewegung | Herzschlag |
| Durst | Lernen |
| Gefühle | Gedächtnis |
| Schlaf | Gleichgewicht |

# Zusammenarbeit im Gehirn

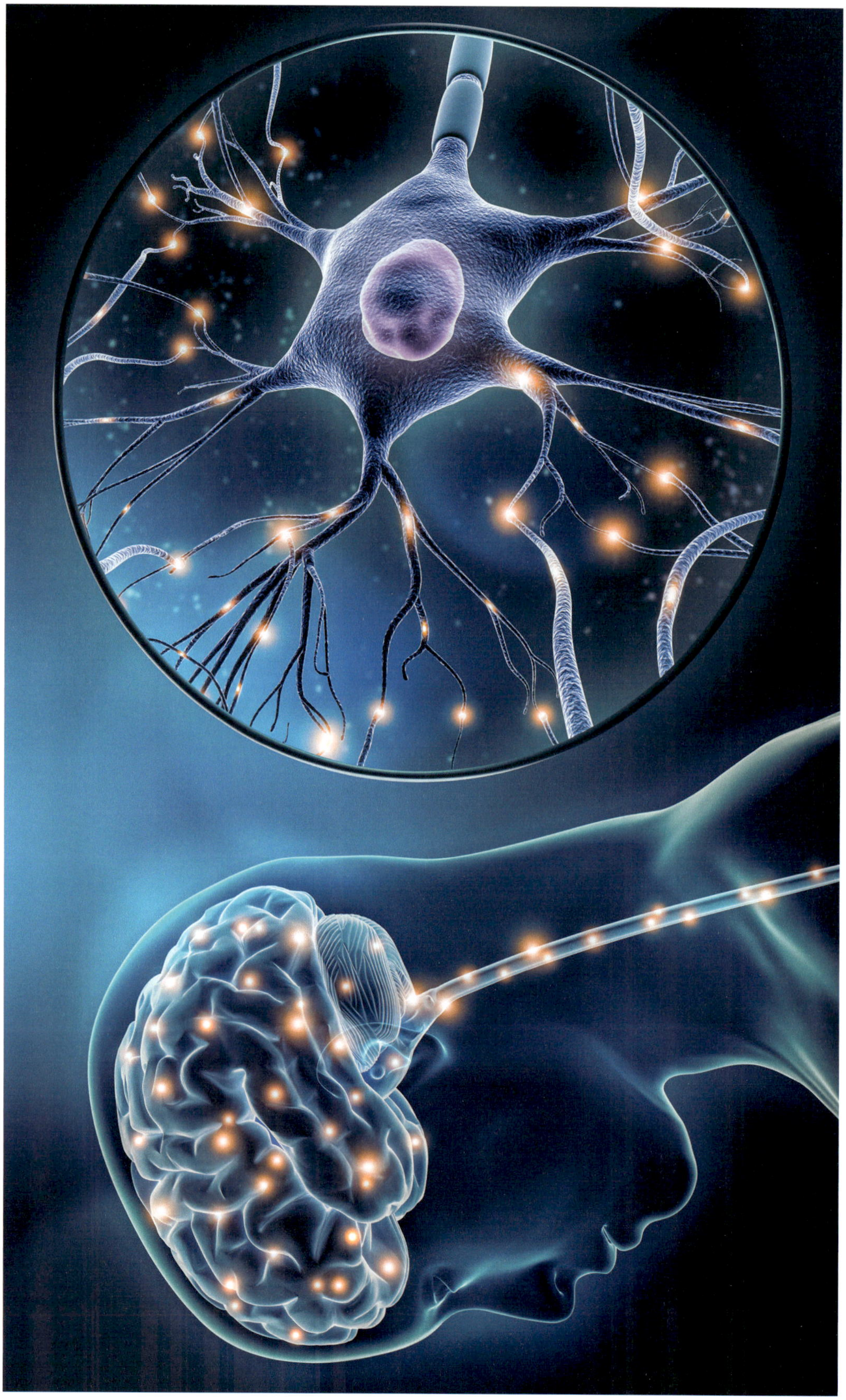

# Gehirnfutter

viel trinken

gute Fette
(Omega 3)

Eiweiß
(Aminosäuren)

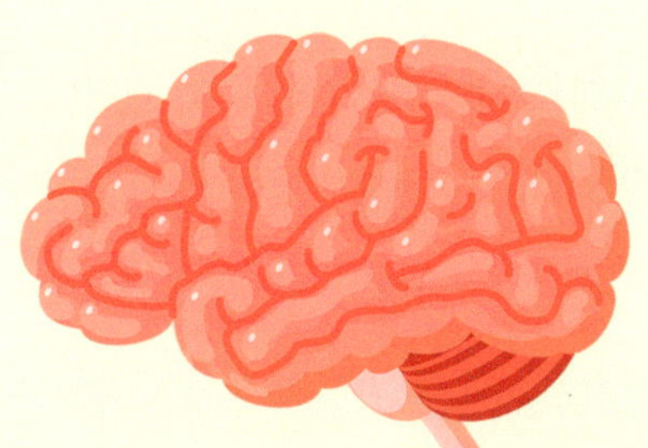

gute Kohlenhydrate
(langkettig)

Vitamine
(u. a. B, C, E)

Mineralstoffe
(u. a. Magnesium, Eisen, Kalzium)

# Was siehst du doppelt? (1/2)

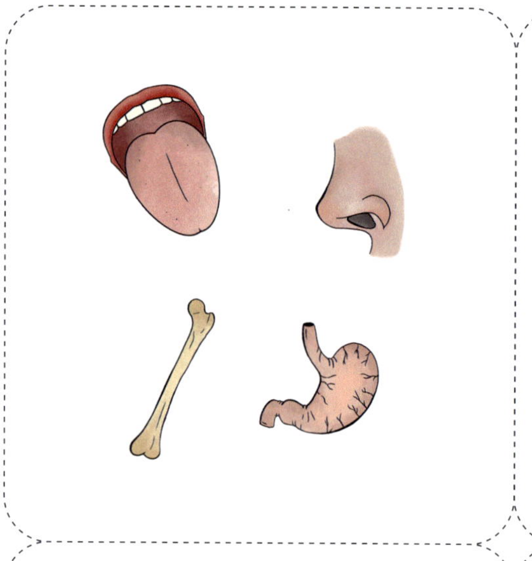

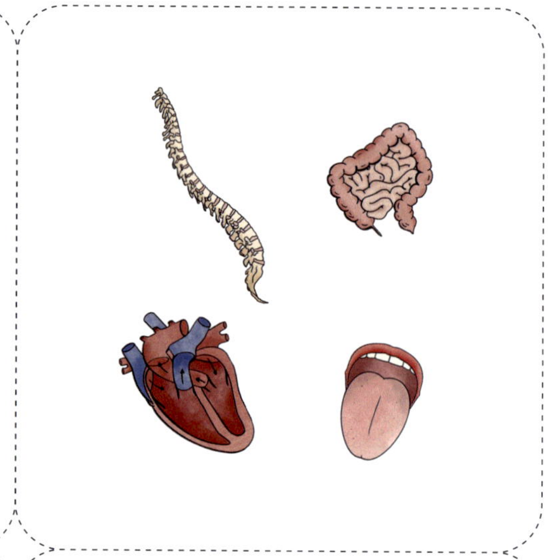

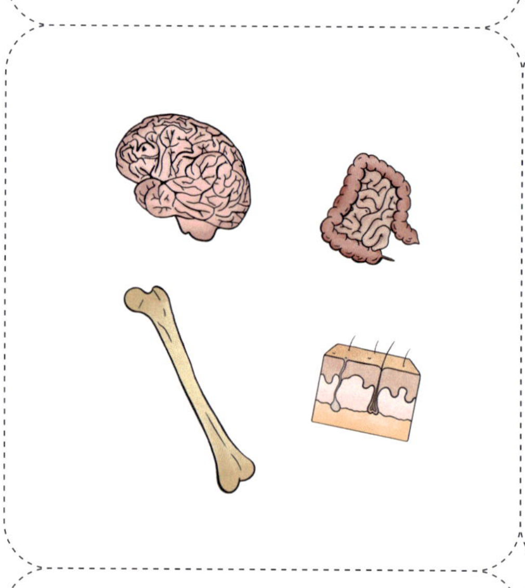

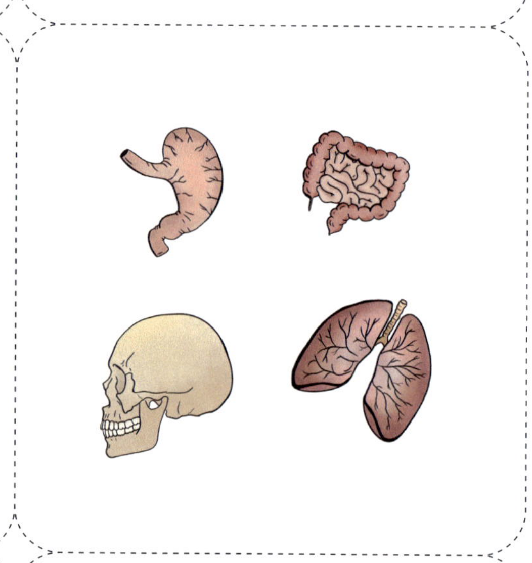

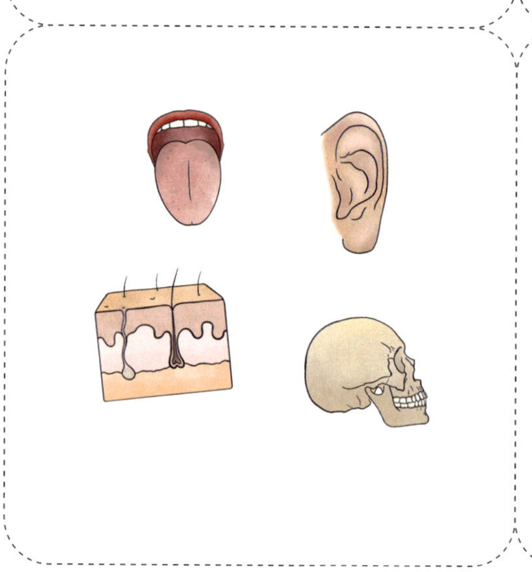

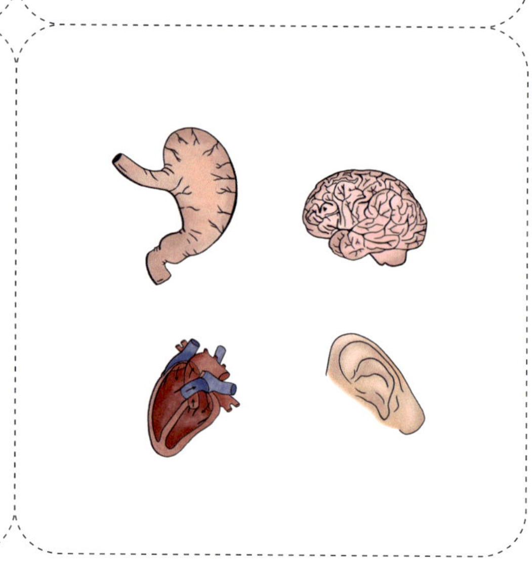

# Was siehst du doppelt? (2/2)

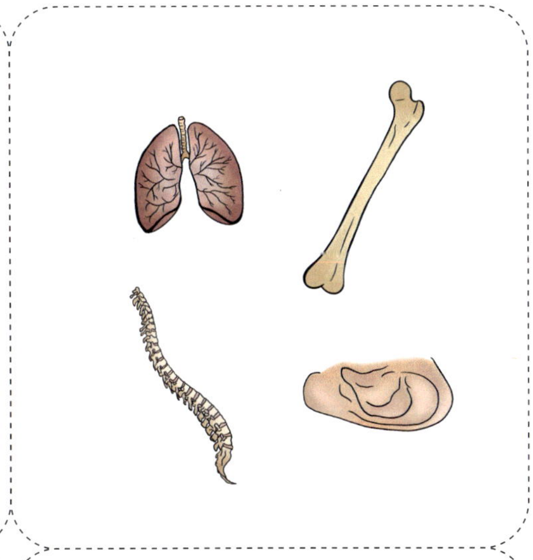

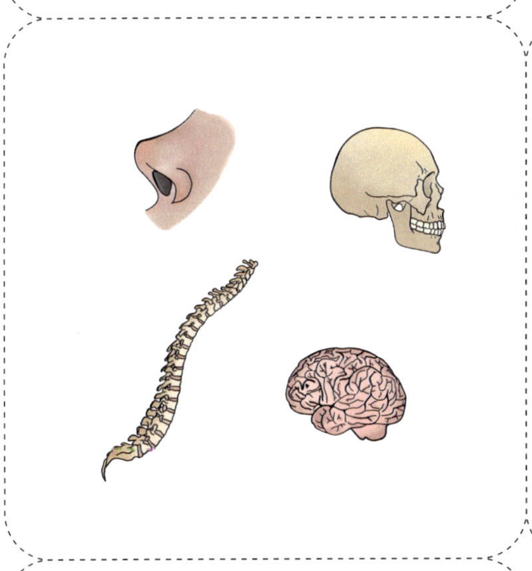

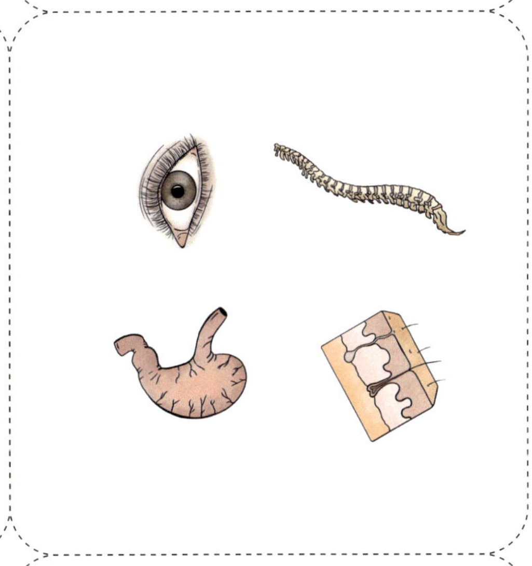

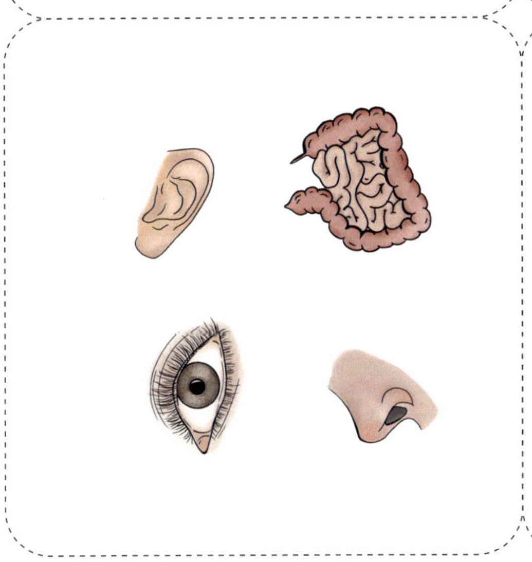

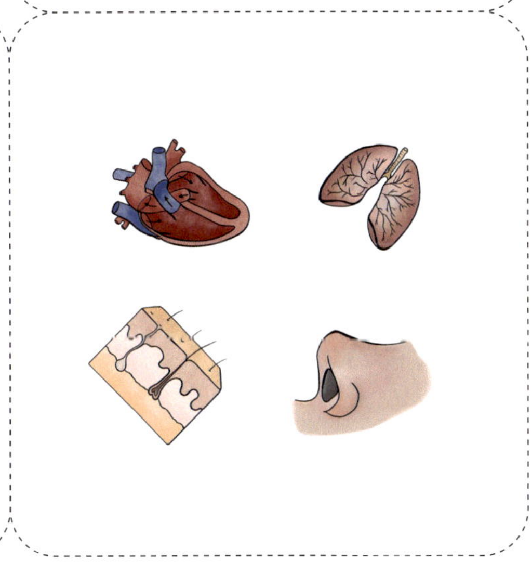

# Organe zeigen und anmalen

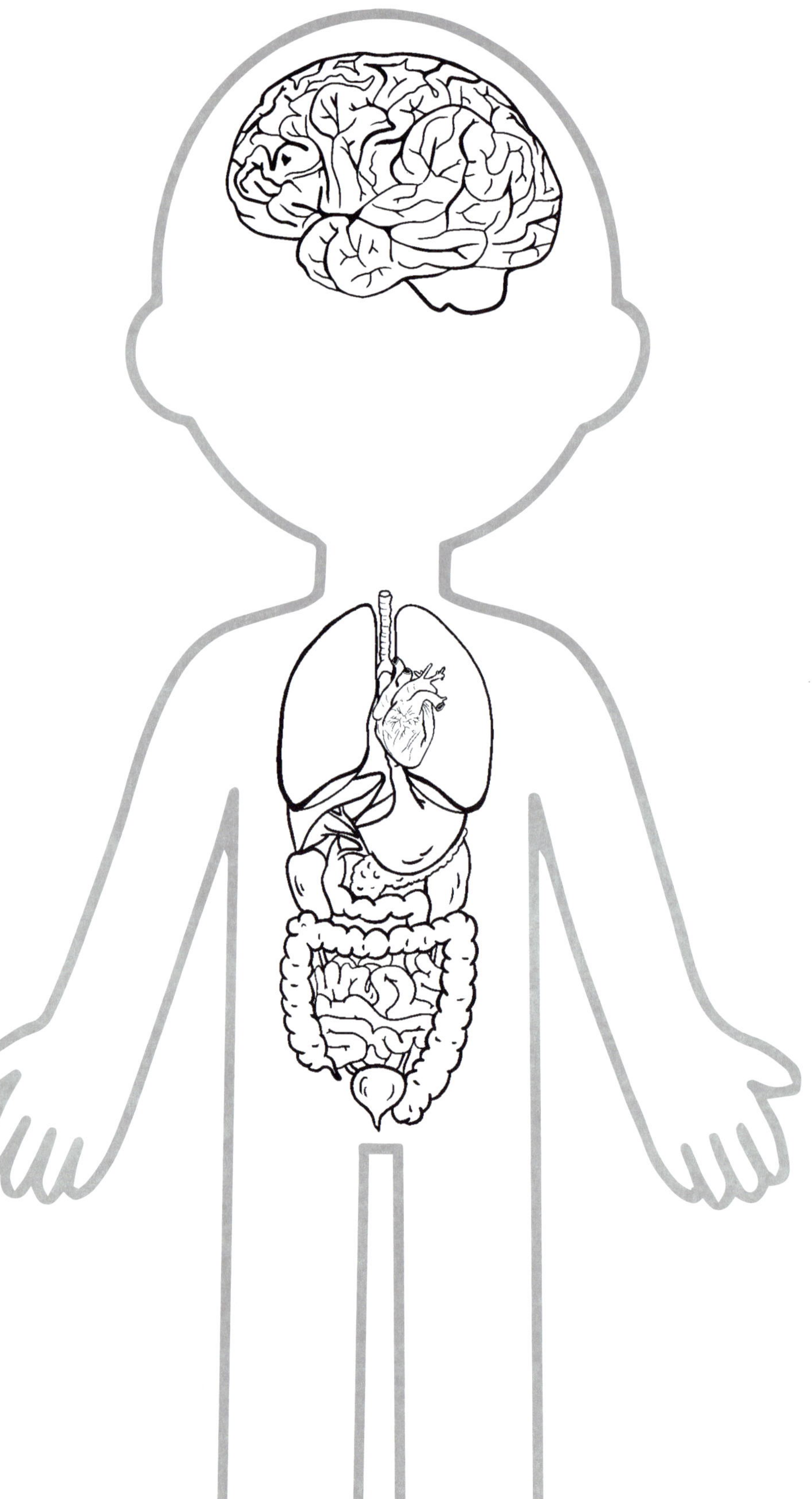

# Das hilft bei …

## Magen- und Darmproblemen

(leichte Beschwerden)

Tee
*(Fenchel, Anis, Kümmel, Kamille)*

Zwieback

geriebener Apfel und Banane

## Husten und Schnupfen

(leichte Beschwerden)

Tee
*(Thymian, Kamille, Ingwer, Spitzwegerich)*

Zwiebelsaft

Honig mit Fenchel
*(ab 2 Jahren)*

## Kopfschmerzen und Konzentrationsproblemen

(leichte Schmerzen)

viel trinken
z.B. Pfefferminztee

frische Luft

## APO-Beet

Pfefferminze
Kamille
Lavendel
Thymian
Salbei
Ingwer
Zwiebel

# Wer kann helfen?

**Hausarztpraxis**

**Apotheke**

**116 117**

**Ärztlicher Bereitschaftsdienst**

Auskunft über Bereitschaftspraxen
24 Stunden am Tag, 7 Tage die Woche

# Zwiebelsaft und Thymiansalbe

## Kurzanleitung: Zwiebelsaft

**Du brauchst:**

- ✔ 1 Zwiebel
- ✔ 150 g Zucker
- ✔ Schneidebrett, Messer, Sieb, 2 saubere Schraubgläser (ggf. auskochen)

**Anleitung:**

1. die Zwiebel möglichst klein schneiden
2. die geschnittene Zwiebel mit dem Zucker in ein Glas geben
3. das Glas verschließen, den Inhalt leicht durchschütteln und das Glas über Nacht stehen lassen
4. den entstandenen Saft in ein sauberes Schraubglas absieben
5. den Zwiebelsaft im Kühlschrank lagern

## Kurzanleitung: Thymiansalbe

**Du brauchst:**

- ✔ eine Handvoll frischen Thymian
- ✔ 100 ml Basisöl (z. B. Olivenöl), 10 g Bienenwachs (z. B. aus der Apotheke)
- ✔ Topf mit Wasser, Einkochglas, Filter oder Sieb, kleines sauberes Schraubgefäß

**Anleitung:**

1. den Thymian klein schneiden
2. das Öl im Einkochglas im Wasserbad erhitzen (ca. 70 °C, nicht kochen!)
3. den Thymian hinzugeben und alles abkühlen lassen
4. das Glas verschließen und die Mischung 7 Tage bei Raumtemperatur ziehen lassen
5. die Mischung nochmals im Wasserbad erhitzen, das Bienenwachs hinzugeben
6. die noch warme und flüssige Salbe in ein kleines Schraubgefäß absieben
7. bei Husten 3-mal täglich die Brust und den oberen Rücken einreiben

# Erste Hilfe

## Notfall

112

WO ist es passiert?
WER ruft an?
WAS ist passiert?
WIE VIELE sind verletzt?
WELCHE Beschwerden?
WARTEN auf Rückfragen

## Lagerungen

**bei Nasenbluten:**
sitzen, Kopf nach vorne!

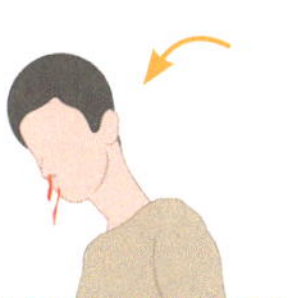

**bei Bewusstlosigkeit und eigener Atmung:**
stabile Seitenlage

**bei Kreislaufproblemen:**
hinlegen, Beine hochlagern

## Schürf-/Schnittwunden

(kleine Wunden)

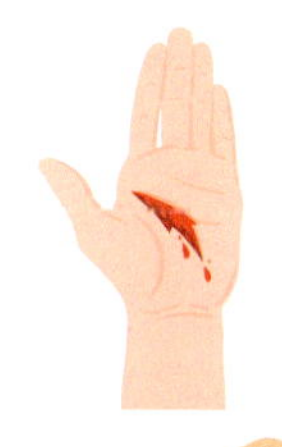

etwas ausbluten lassen,
mit Wasser ausspülen,
bei starker Verschmutzung
desinfizieren

Pflaster (luftdurchlässig)

## leichte Verbrennungen

(kleiner als die Handfläche)

sofort unter fließendem Wasser überspülen

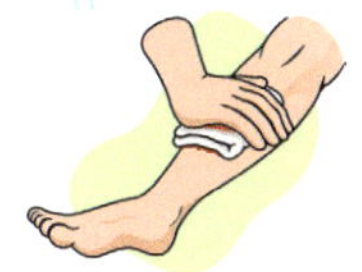

locker und keimfrei bedecken

## Fieber

(ab 38,5 Grad)

viel trinken, Bettwäsche öfter wechseln

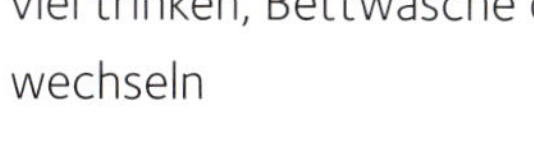

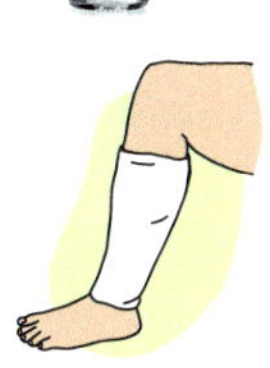

Wadenwickel (lauwarm, nur bei warmen Händen)

## Zeckenbiss

schnelles Entfernen mit Zeckenkarte oder Zeckenzange, erst danach säubern oder desinfizieren

**Hilfe unter Telefonnummer 116 117**

## 6. „Wie mein Körper sich bewegen kann!“

# Sinnespfad „Wie mein Körper sich bewegen kann!“

**Bewegung tut gut!**
Arm- und Beinmuskulatur zur Musik bewegen

**Das Skelett interaktiv**
Skelettteile benennen, Knochen aus Papierton herstellen

**Der Mensch in Bewegung**
bewegter Mensch zum Selbstbauen, Bewegungen in Form einer Gestaltarbeit nachvollziehen

**Bewegungsspiel**
mit Mitmachreim

**Knochige Gestaltarbeit**
aus Wattestäbchen und Papprollen das Skelett (im Groben) nachvollziehen

**Spaß mit Bällen**
Bewegungsspiele mit Bällen

**Backrezept**
für Hefeteigknochen

## Sinnespfad „Wie mein Körper sich bewegen kann!“

*„Unser Körper leistet sehr viel. Er macht es uns möglich, dass wir auf Berge klettern und schnell rennen können. Für diese Bewegungen brauchen wir unsere Muskeln, Gelenke und Knochen.*
*Unsere Muskeln liegen direkt unter der Haut. Sie können sich zusammenziehen und wieder entspannen. So bewegen sie verschiedene Körperteile. Dann lachen, springen, winken und sitzen wir oder machen andere tolle Sachen. Viele Muskeln zusammen nennt man Muskulatur. Es gibt drei Muskelarten: den Herzmuskel und die Muskeln an Organen (z. B. Darm) können wir nicht bewusst steuern. Unsere Skelettmuskeln aber tun, was wir wollen. Wir können sie mit dem Gehirn selbst steuern. Die Anzahl der Muskeln ist bei jedem Menschen gleich. Wie stark die Muskeln sind, ist vom Training abhängig. Ohne Training werden sie schwächer. Muskeln arbeiten zusammen. Schau mal deinen Oberarm an. Es gibt immer einen Beuger und einen Strecker. Wenn du den Arm wie einen Hebel beugst, tritt der Muskel hervor. Er nennt sich Bizeps. Wenn du den Arm wieder streckst, hilft hier der Trizeps.“*

Wertschätzende Rückmeldungen von Mitmenschen inkludiert, können Schüler*innen mit dem nachfolgenden Sinnespfad

- Bewegungen bewusst erleben (bewegt werden oder sich bewusst bewegen),
- erkennen, dass sie über Muskeln verfügen, die durch An- oder Entspannung ihre Körperteile bewegen,
- Skelettabschnitte benennen,
- den Aufbau und die Funktion von Knochen, Muskeln und Gelenken im Groben beschreiben,
- Möglichkeiten erproben, Teile ihres Körpers gestalterisch abzubilden,
- Bewegung als präventive Maßnahmen für einen gesunden Bewegungsapparat erkennen.

### Bewegung tut gut!

**Material:**

- ✔ Musikabspielgerät mit Bewegungslied, z. B. „Körperteil-Blues“[9], alternativ Instrumentalmusik
- ✔ Kopiervorlage „Bewegungskarten“ (siehe S. 99)

**Material zur Differenzierung:**

- ✔ Kopiervorlage „Arm- und Beinmuskulatur“ (siehe S. 95)
- ✔ Bildvorlage „Sportarten“ (siehe S. 96 oben)

**Durchführung:**

Zur Einstimmung starten Sie gemeinsam mit Bewegung zur Musik. Die Lernenden bilden einen Kreis.
Wählen Sie einen Titel (z. B. den Körperteil-Blues, siehe oben), der bereits Bewegungsvorgaben im Text enthält. Alternativ spielen Sie Instrumentalmusik und sagen Bewegungen an (ausschütteln, hüpfen, Hopserlauf ...). Ergänzend werden die Bewegungskarten (siehe S. 99) einbezogen. Den Lernenden wird eine Bewegungskarte gezeigt und die Bewegung nachgemacht. Beginnen Sie mit wenigen Übungen und wiederholen Sie diese einige Male. Nach einiger Übungszeit kann daraus ein eigener Tanz entwickelt werden.

**Differenzierungsmöglichkeiten**

Fragen Sie die Schüler*innen nach Sportarten, die sie kennen. Besprechen Sie, dass man bei manchen Sportarten

---

[9] *Lichterkinder, Songwriter: Achim Oppermann, Florian Bauer, Gaby Casper*

eher die Arm- und bei manchen eher die Beinmuskeln braucht. So braucht man beim Bowling, Tennis und Rudern eher die Armmuskeln und beim Wandern, Fußball und Radfahren verstärkt die Beinmuskeln.
Die Lernenden schneiden die Bildvorlagen aus und kleben diese auf die entsprechende Spalte der Kopiervorlage. Alternativ können Sie es für einen Staffellauf (mit und ohne Wettbewerbscharakter) nutzen. Es bietet sich dazu an, die Kopier- und Bildvorlage auf DIN-A3-Format zu vergrößern, zu laminieren und mit Klettpunkten zu versehen. Anschließend hängen oder legen Sie die Vorlage dann in eine entsprechende Distanz zu den Lernenden. Nacheinander wird eine Karte mit einer Bewegung genommen, schnell an die Klettvorlage gebracht und richtig einsortiert. Die Art der Fortbewegung (z. B. springen, krabbeln, Rollbrett fahren ...) kann geändert werden.

## Das Skelett interaktiv

*„Das menschliche Skelett ist wie ein starkes Baugerüst. Es hält unseren Körper. So fallen wir nicht wie ein nasser Sack zusammen. Das Skelett besteht aus 206 kleinen und großen Knochen, z. B. aus den Knochen der Wirbelsäule oder den Kiefernknochen. Die Knochen stützen, aber schützen auch. Sie schützen unsere inneren Organe. Das Herz und die Lunge liegen z. B. hinter dem Brustkorb. Unter deiner Brust kannst du deine Rippen fühlen. Fühl mal!“*

### Material:

- ✔ Kopiervorlage „Skelett“ (siehe S. 97)
- ✔ Kopiervorlage „Körperteile“ (siehe S. 98)
- ✔ Tonpapier, Schere, Kleber
- ✔ optional: Schulskelett
- ✔ Kopiervorlage „Skelett-Puzzle“ (siehe S. 100)

### Material für Papierton:

- ✔ 2 Rollen Toilettenpapier
- ✔ 3 EL Kleister in Pulverform
- ✔ 2 EL flüssiger Bastelleim (Eco)
- ✔ Schüssel, Eimer, Pürierstab, Nudelsieb, Geschirrtuch, Haushaltshandschuhe
- ✔ Stab aus Pappe, alternativ Holzlöffel

### Durchführung

Besprechen Sie mit den Lernenden das menschliche Skelett. Vergleichen Sie dabei die fühlbaren Knochen mit dem Schulskelett bzw. die Schüler*innen finden diese auf einer Abbildung wieder. Auf der Kopiervorlage können ausgeschnittene Körperteile als Bild- oder Wortvorlage dem Skelettteil zugeordnet und aufgeklebt werden.
Als ergänzende Übung kopieren oder kleben Sie das Skelett-Puzzle zur höheren Stabilität gerne auf Tonpapier. Anschließend wird es entlang der gestrichelten Linien zerschnitten und die einzelnen Skelettteile auf den Puzzlestücken lerngruppenangepasst nochmals benannt und ggf. am eigenen Körper ertastet.

### Differenzierungsmöglichkeit

Zur Herstellung von Papierton beziehen Sie die Lerngruppe mit ein. Nehmen Sie die Papprollen aus dem Toilettenpapier. Tränken Sie das Toilettenpapier im Eimer mit Wasser, bis es vollständig durchweicht ist, und zerpflücken Sie es mit den Händen in kleinere Stücke. Anschließend werden die Papierstückchen mit dem Pürierstab weiter zerkleinert. Nutzen Sie die Spüle und stellen Sie das Nudelsieb hinein, in dem auch ein Geschirrtuch liegt. Die pürierte Papiermasse wird in das Geschirrtuch gegeben und kräftig ausgewrungen. Geben Sie die ausgepresste Masse in eine Schüssel, streuen Sie 3 EL Kleisterpulver darüber und geben Sie 2 EL Bastelleim hinzu. Kneten Sie mit Handschuhen alles gut durch, bis eine homogene Masse entsteht. Es sollte eine Art Teig entstehen, der sich zu einem Klumpen formen lässt. Geben Sie ggf. noch etwas Wasser hinzu.

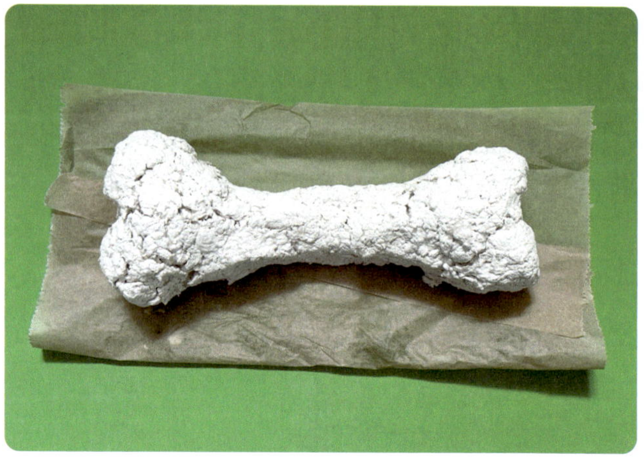

Formen Sie die Masse um einen Holzlöffel herum und modellieren Sie die Enden kugelförmig, sodass eine typische

Knochenform entsteht. Benetzen Sie die Hände mit lauwarmem Wasser und streichen Sie über die Oberfläche des Pappknochens, um diese zu glätten. Nach etwa zwei Tagen ist der Knochen durchgetrocknet.

## Der Mensch in Bewegung

*„Mit den Beinen können wir rennen, mit den Armen winken oder mit den Händen klatschen. Damit unsere Körperteile so beweglich sind, haben wir Gelenke. Ohne Gelenke wären wir unbeweglich. Ein Gelenk ist dort, wo zwei Knochen aufeinandertreffen. Mache eine Faust und lege die andere Hand darüber. So in etwa schaut ein Gelenk aus. Damit sich alles gut bewegen kann, ist dazwischen eine Schmiere – wie schmieriges Öl.“*

### Material:

- ✔ Kopiervorlage „Mensch in Bewegung“ (siehe S. 101), gedruckt auf Tonpapier
- ✔ Musterbeutelklammern, Nadel, Schere
- ✔ optional Hampelmannfigur oder Biegepuppe

### Material zur Differenzierung:

- ✔ ca. 2 m Tapetenbahn
- ✔ Malutensilien, schwarzer Filzstift, Bleistift, Radiergummi, Wachsmalstift
- ✔ Bewegungskarten (siehe S. 99)
- ✔ Flaschendeckel, Streichhölzer, alternativ Zahnstocher

### Durchführung

Drucken Sie die Vorlage für eine bessere Stabilität auf festeres Tonpapier. Die Körperteile werden ausgeschnitten, benannt, am eigenen Körper gezeigt und bereitgelegt.

Bauen Sie den Menschen in Bewegung zusammen, indem sie zunächst mit einer Nadel durch die schwarzen Punkte stechen und dann zur Verbindung der Körperteile Musterbeutelklammern nutzen.
Optional können Sie die Bewegungsmöglichkeiten einer Hampelmannfigur (Vorder- und Rückansicht) mit dem gebastelten Menschen in Bewegung (Seitdarstellung) vergleichen. Nutzen Sie die Figuren, um Bewegungen vorzugeben (z. B. sitzen, auf einem Bein stehen, ...).

Eine bewegbare Vorderansicht eines Menschen (Hampelmannfigur) lässt sich als Upcyclinglernidee aus Pappe realisieren. Dies gelingt bei kleiner Version mit Musterbeutelklammern als Verbindungsglied oder Deckeln von PET-Flaschen bei lebensgroßer Variante.

### Differenzierungsmöglichkeiten

Inspiriert von den Werken des Künstlers Keith Haring können sich die Lernenden in einer bestimmten Bewegung auf die Tapete legen. Die Bewegung wird an den Körperumrissen mit dunklem Wachsmalstift nachgezeichnet. Die Figuren werden farbenfroh gestaltet. Ergänzend zeichnen die Lernenden Körperumrisse in Bewegung mit Bleistift auf weißes DIN-A4-Papier und ziehen die Linien schwarz nach. Anschließend werden die Bilder farbenfroh gestaltet.

Hilfreich dabei sind Flaschendeckel und fünf Streichhölzer. Hier können Bewegungskarten nachgelegt und anschließend grob umfahren werden.

Foto oben unter Verwendung von: Hampelmann: Norbert Höveler

## Bewegungsspiel mit Mitmachreim

### Material

- ✔ Bildvorlagen „Körpermusik" (siehe S. 96)
- ✔ Mitmachreim (siehe unten)

### Durchführung

Ein*e Schüler*in zieht eine Bildvorlage oder wählt eine Bewegung aus den Vorlagen aus. Die anderen Schüler*innen sitzen mit dem Rücken zu ihm*ihr und schließen die Augen. Die Bewegung wird durchgeführt. Nur durch das Hören der Körpermusik soll erraten werden, welche Bewegung gemacht wurde. Zu Beginn jeder Bewegung kann gemeinsam der Mitmachreim gesprochen werden. Die Lernenden erklären anschließend, woran sie die Bewegung erkannt haben wollen.

<u>Mitmachreim:</u>
**Körpermusik**

Unser Körper macht Musik!

Die Hände, die Füße,

der Mund und auch der Bauch.

Hörst du das auch?

### Durchführung

Stellen Sie zwei Stuhlreihen und laden Sie die Lernenden ein, Körpermusik-Memo zu spielen. Ein oder zwei Personen verlassen den Raum. Die anderen Lernenden finden sich paarweise zusammen. Jedes Paar vereinbart eine Bewegung (z. B. stampfen) und setzt sich dann getrennt innerhalb der beiden Stuhlreihen hin.

Die Schüler*innen, die vorher den Raum verlassen haben, werden wieder hereingeholt. Sie wählen eine Person aus, welche die vorher vereinbarte Bewegung ausführt. Danach wird die nächste Person aufgefordert, ihre Bewegung zu zeigen. Ziel ist es, alle Körpermusik-Paare, die die gleiche Bewegung ausführen, zu finden. Ist ein Paar gefunden, bleibt es sitzen und verschränkt die Arme.

## Knochige Gestaltarbeit

### Material:

- ✔ Abbildung eines Schädels (ca. 3 x 2 cm) (siehe S. 103)
- ✔ Wattestäbchen
- ✔ (Heiß-)Kleber, Schere
- ✔ Tonpapier, schwarz

### Material zur Differenzierung:

- ✔ Abbildung eines Schädels (ca. 15 x 10 cm)
- ✔ 23 Toilettenpapierrollen, 18 Küchenrollen
- ✔ großer Papierstreifen, alternativ Tapetenstück
- ✔ (Heiß-)Kleber, Schere

### Durchführung

Für das Skelett wird ein Schädel auf weißes Papier vorgezeichnet und ausgeschnitten. Der Schädel kann dabei auch mit lustiger Mimik gestaltet werden. Er wird im oberen Bereich des schwarzen Papiers (im Hochformat) aufgeklebt. Anschließend werden die Wattestäbchen wie ein Skelett darunter angeordnet. Dazu können die Stäbchen auch zerschnitten werden, um kleinere Knochen darzustellen.

Liegen alle Wattestäbchen an der richtigen Stelle, werden diese mit Kleber befestigt.



Illustration Klatschen: Norbert Höveler

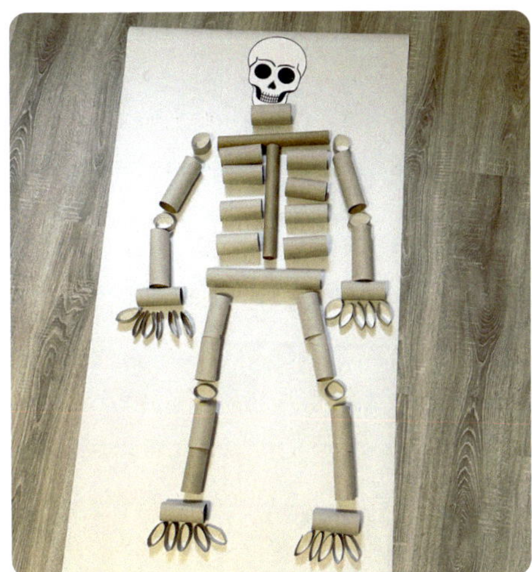

### Differenzierungsmöglichkeiten

Nutzen sie den Schädel der Kopiervorlage auf S. 103, schneiden Sie diesen aus und kleben Sie ihn an der schmalen Seite des vorbereiteten Papierstreifens bzw. Tapetenstücks im oberen Bereich auf. Aus fünf Toilettenpapierrollen werden je fünf Ringe geschnitten. Ordnen Sie unter entwicklungsbezogenem Einbezug der Lernenden die Papprollen und -ringe wie auf dem unten stehenden Foto an. Besprechen Sie die stark vereinfachte Darstellung des menschlichen Skeletts und finden Sie tastbare Knochen am eigenen Skelett wieder. Kleben Sie die Papprollen auf und beschriften Sie diese gerne (z. B. Unterschenkelknochen, Schädel, Rippen).

## Spaß mit Bällen

Typische Bälle eines Bällebads (aus Kunststoff oder Zuckerrohr) sind von leichtem Gewicht und für vielfältige Bewegungsübungen nutzbar (siehe Fotos).

### Material

- ✔ verschiedenfarbige Bälle

### zusätzliches Material für den Regenschirm-Wurf:

- ✔ (bunter) Regenschirm, der an einem Seil an der Zimmerdecke o. Ä. befestigt wird

### zusätzliches Material für das Klebeband-Zielen:

- ✔ Paketklebeband, welches mit der Klebefläche nach oben an einem Tischende befestigt wird, sodass rollende Bälle daran hängen bleiben

**zusätzliches Material für das Zielen ins Loch:**

- ✔ Plakatpapier DIN A2, in welches ein Loch geschnitten ist (Ø ca. 10 cm)
- ✔ 2 Tische als Befestigungsgrundlage
- ✔ Eimer als Auffangbehälter

**zusätzliches Material für einen Hüpf-Parcours:**

- ✔ lerngruppenangepasster Parcours (beispielsweise aus Bodenmarkierungsklebeband, kleinen Gymnastikreifen oder Fuß- und Handabdrücken aus Pappe o. Ä.), welcher durchgangen wird und an dessen Ende 4 farbig angemalte Toilettenpapierrollen stehen, auf welche die Bälle gelegt werden sollen.

## Backrezept für Hefeteigknochen

**Material zur Differenzierung:**

- ✔ Rezept für „Hefeteigknochen“ und dort aufgeführte Zutaten und Utensilien (siehe S. 102)

Der Hefeteig wird anhand des Rezepts unter entwicklungsbezogenem Einbezug der Lernenden zubereitet, zu Knochen geformt und gebacken. Die Hefeknochen können zu BioMilch oder Kakao (Kalziumquelle) angereicht werden.

**Differenzierungsmöglichkeit:**

Als Wiederholungsübung kann in Partnerarbeit ein Zauberbild mit Küchenutensilien gestaltet werden. Ein vorgezeichnetes Skelett (vorzugsweise mit wasserfestem Stift gezeichnet) wird mit Küchenpapier bedeckt.
Ein Schwamm wird durchnässt und leicht ausgedrückt.
Der Schwamm wird auf das Küchenpapier gedrückt, sodass nun Teile des Skeletts nach und nach durchscheinen. Die erkannten Skelettteile werden benannt.

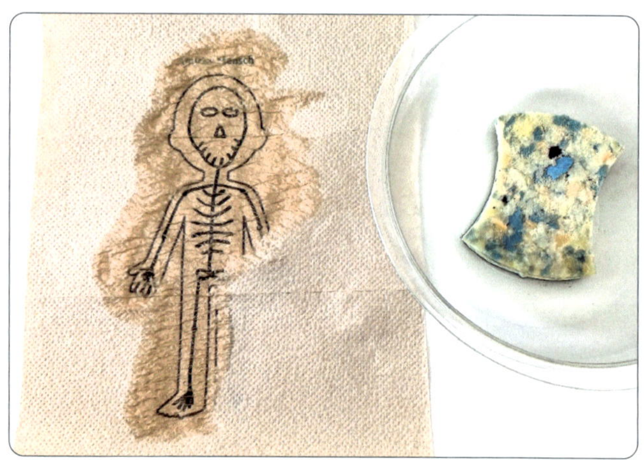

# Arm- und Beinmuskulatur

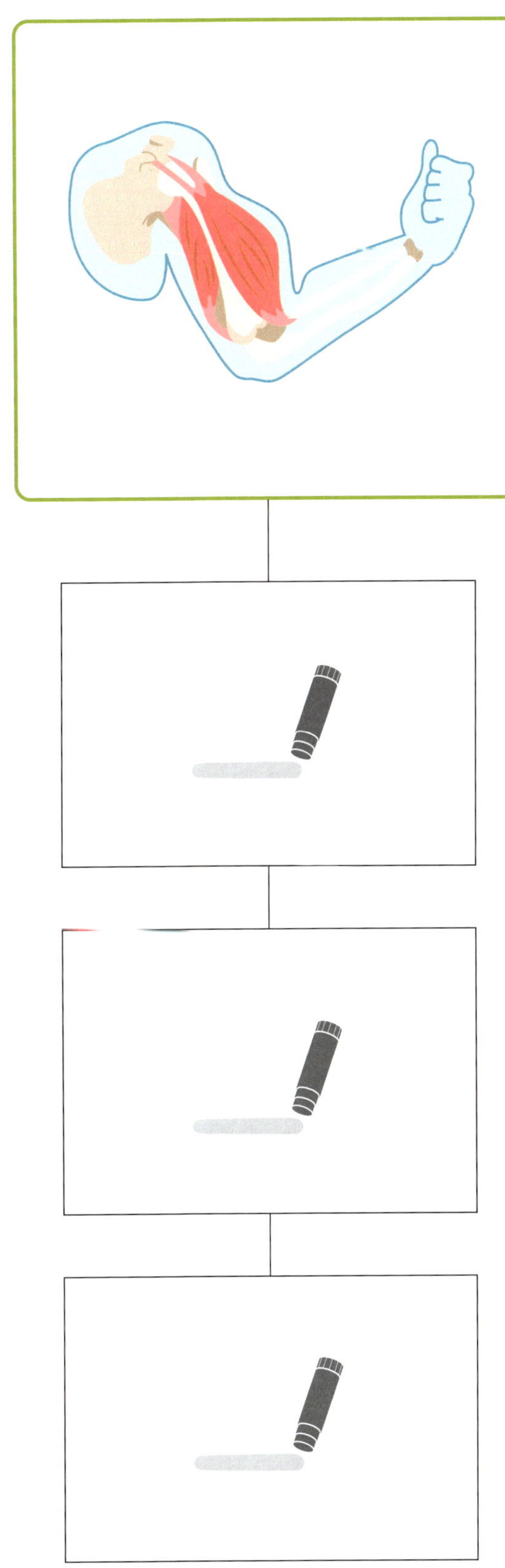

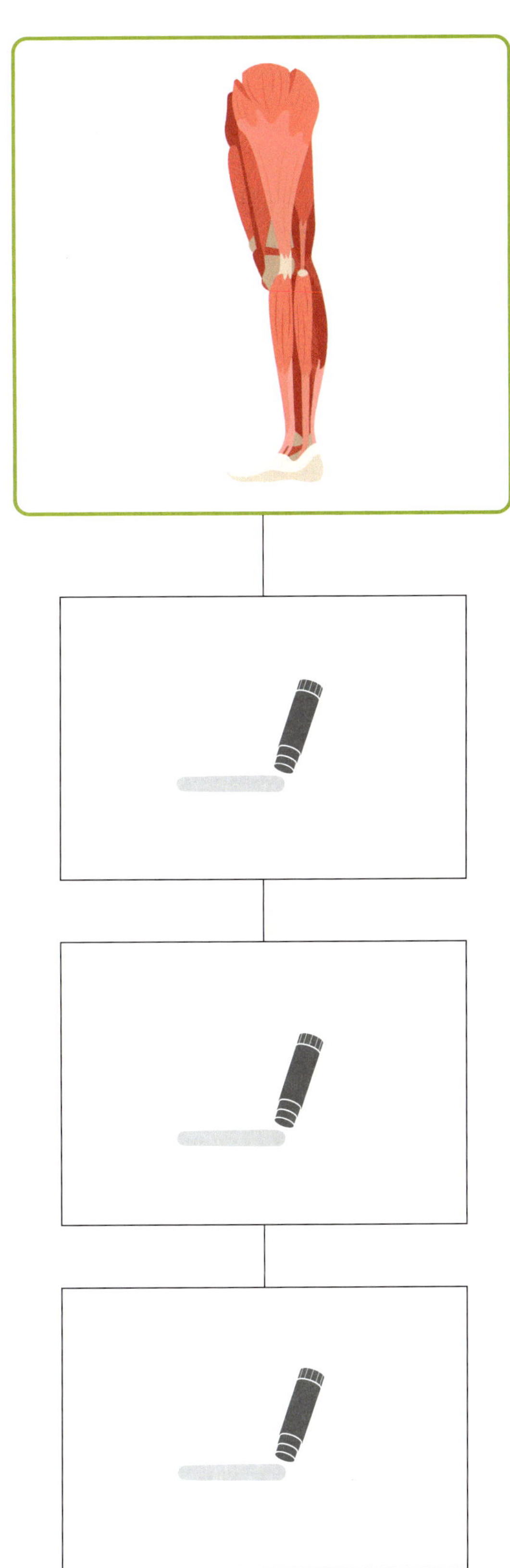

# Sportarten

| | | |
|---|---|---|
|  wandern |  bowlen |  Fußball spielen |
|  Fahrrad fahren |  Tennis spielen |  paddeln |

# Körpermusik

| | | |
|---|---|---|
|  die Hände reiben |  auf die Oberschenkel patschen |  klatschen |
|  küssen |  schnalzen | 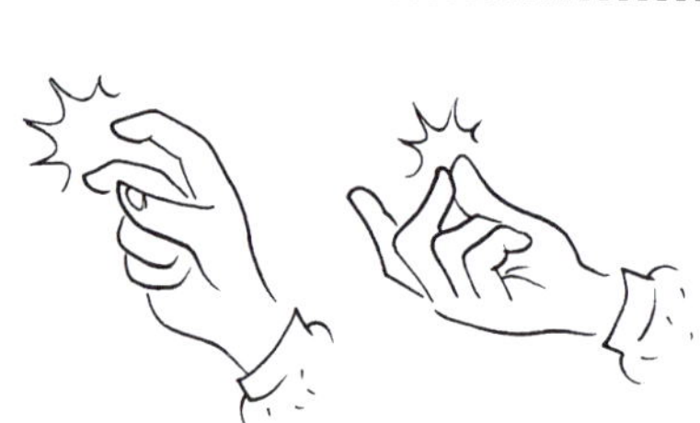 schnipsen |
|  stampfen |  (auf der Stelle) rennen |  springen |

# Skelett

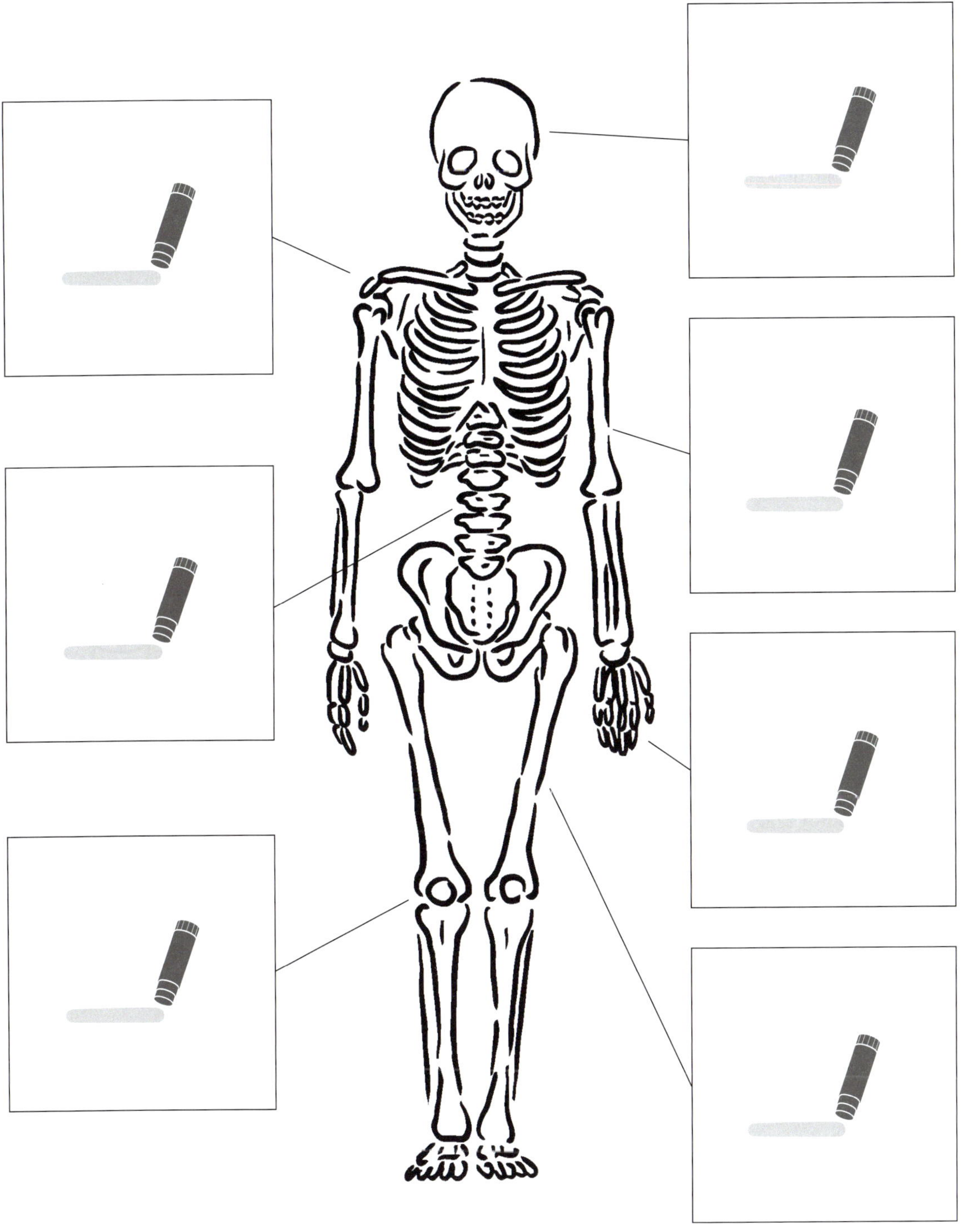

# Körperteile

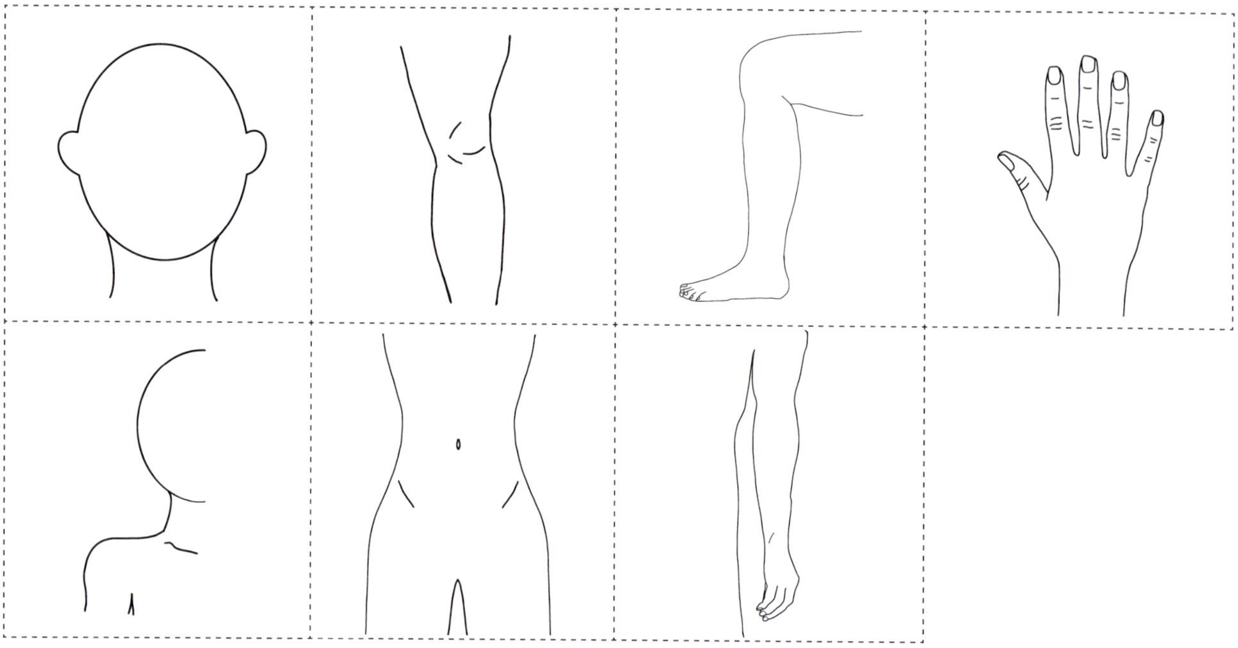

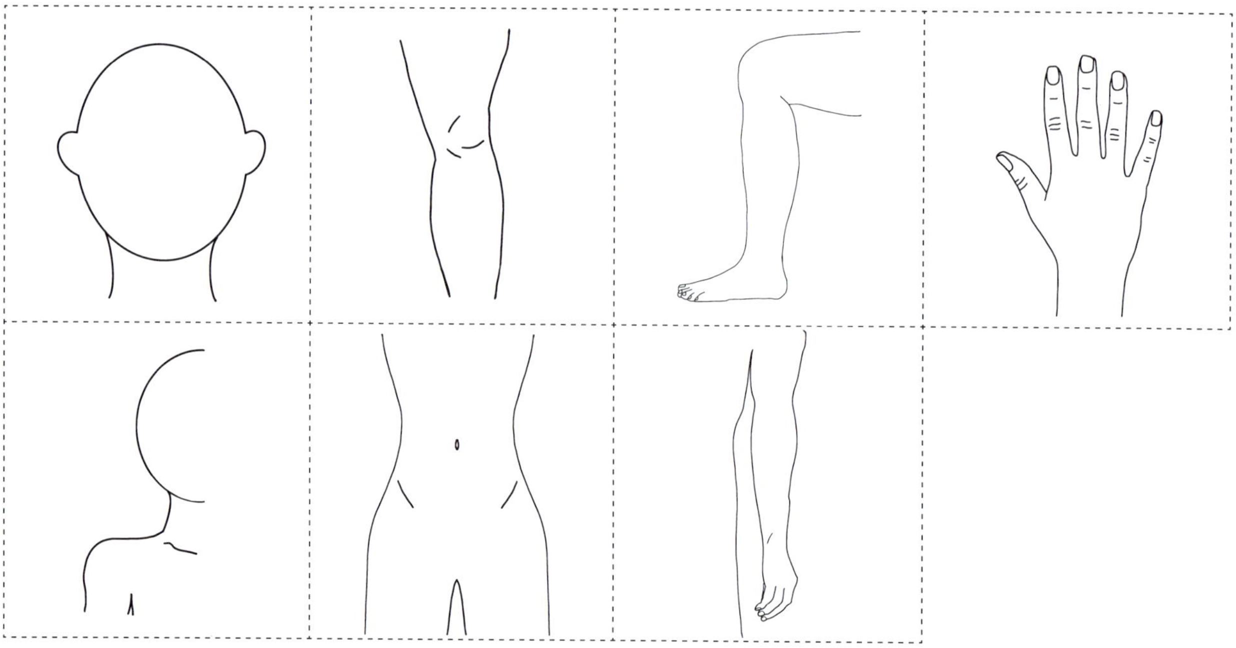

# Bewegungskarten

# Skelett-Puzzle

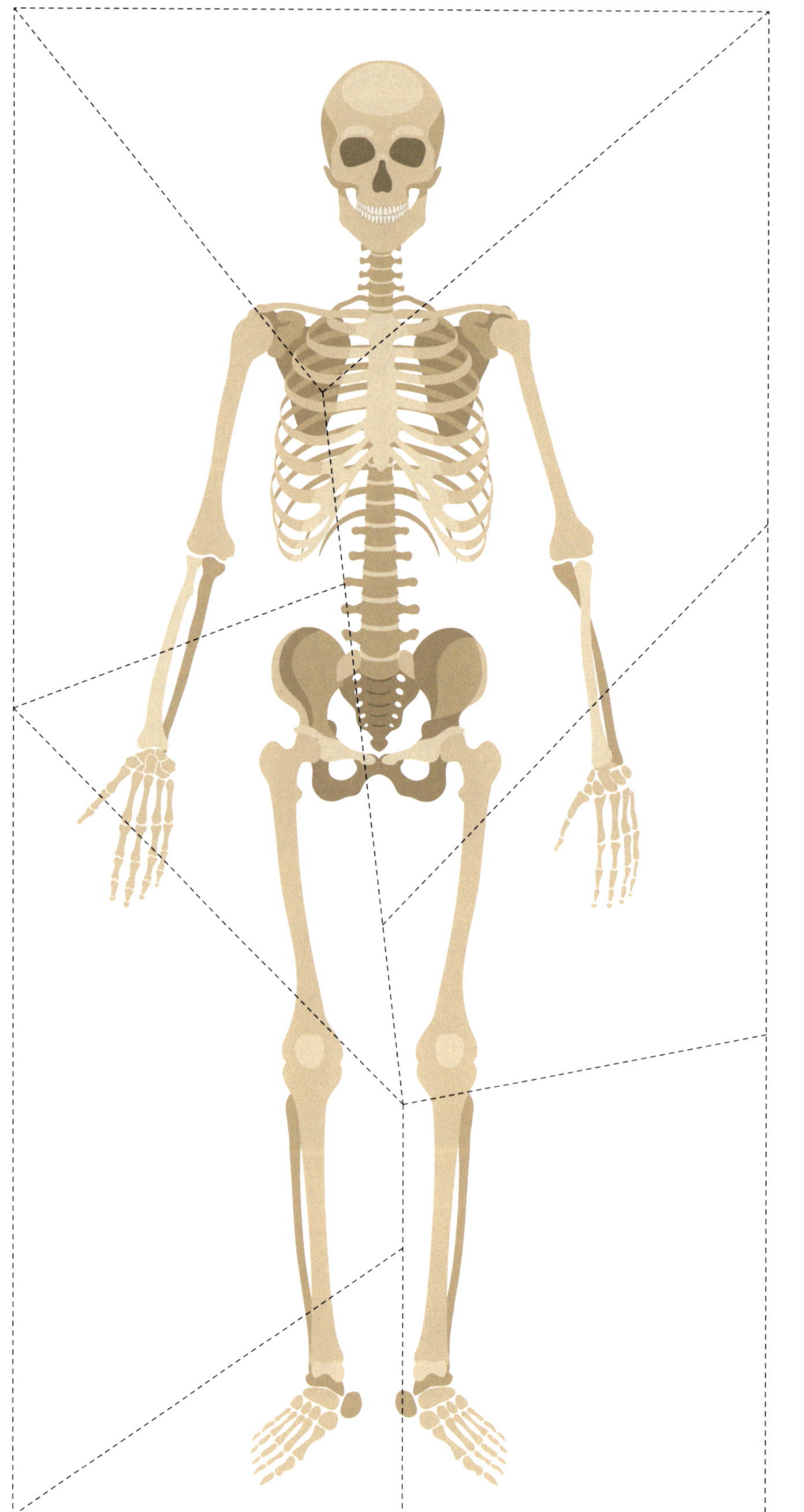

# Mensch in Bewegung

**Hinweis:** Körperteile ggf. auf DIN-A3-Format (141 %) vergrößert kopieren

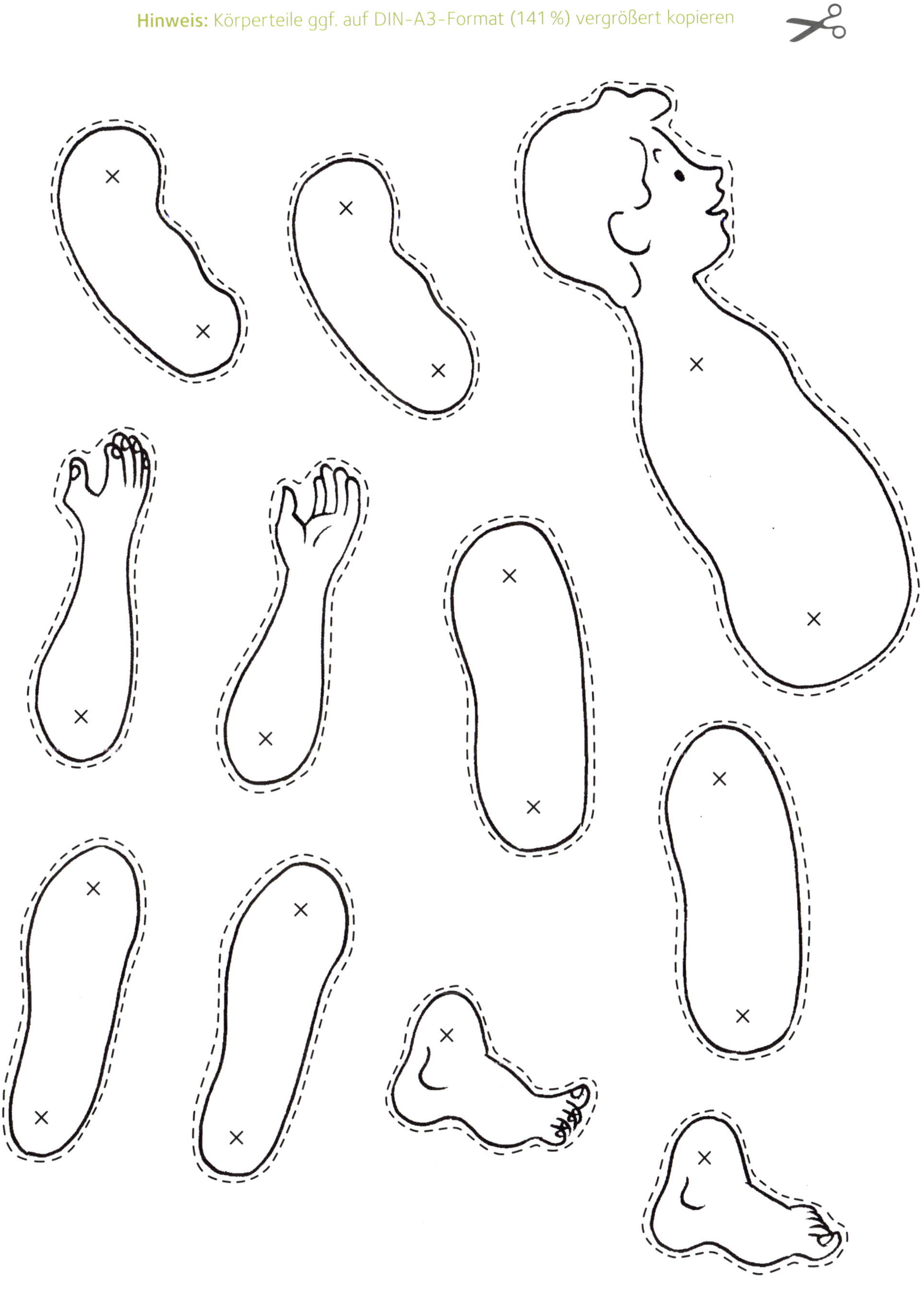

# Hefeteigknochen

## Anleitung

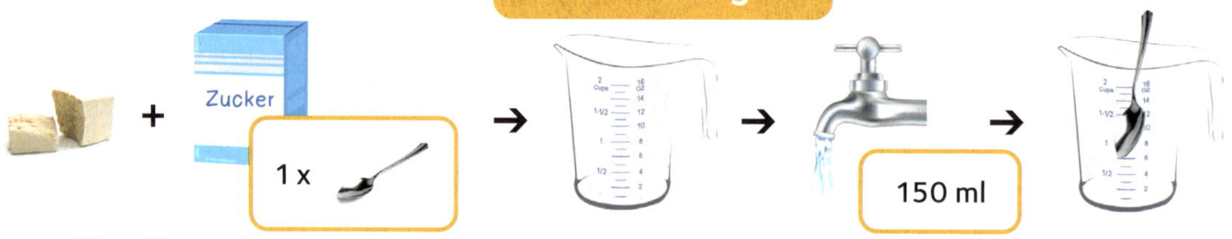

Zucker + 1 x → → 150 ml → alles verrühren

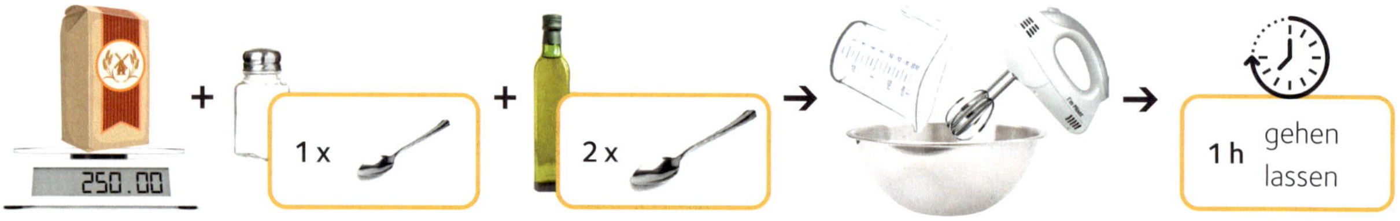

250.00 + 1 x + 2 x → → 1 h gehen lassen

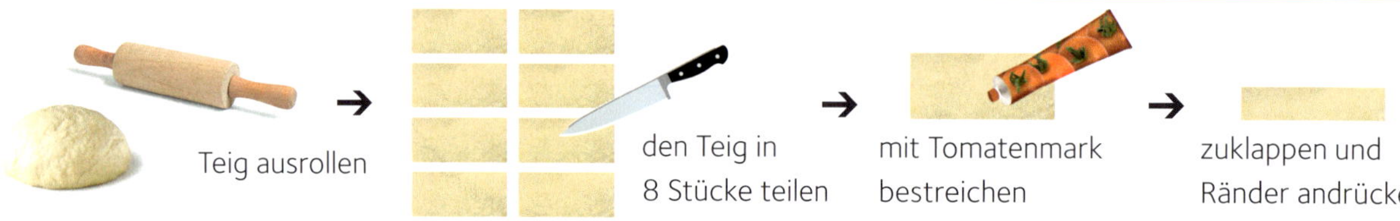

Teig ausrollen → den Teig in 8 Stücke teilen → mit Tomatenmark bestreichen → zuklappen und Ränder andrücken

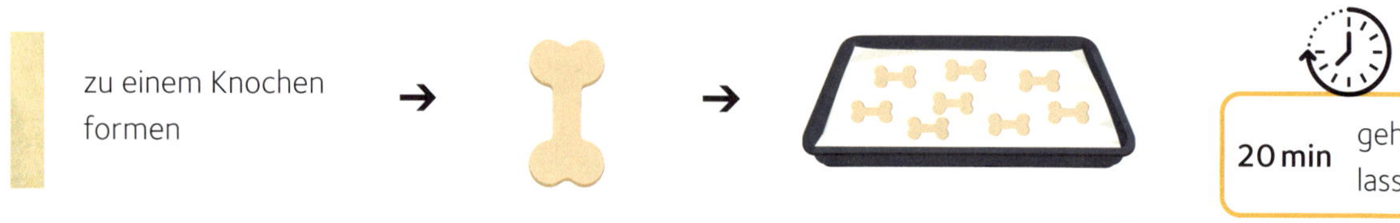

zu einem Knochen formen → → 20 min gehen lassen

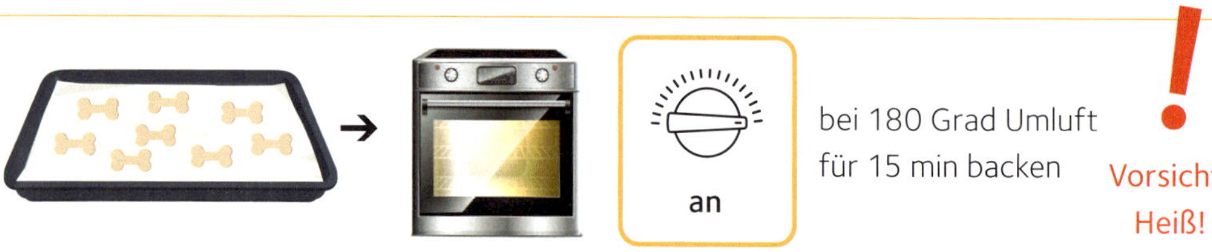

→ an bei 180 Grad Umluft für 15 min backen

! Vorsicht! Heiß!

**Guten Appetit!**

# Schädel

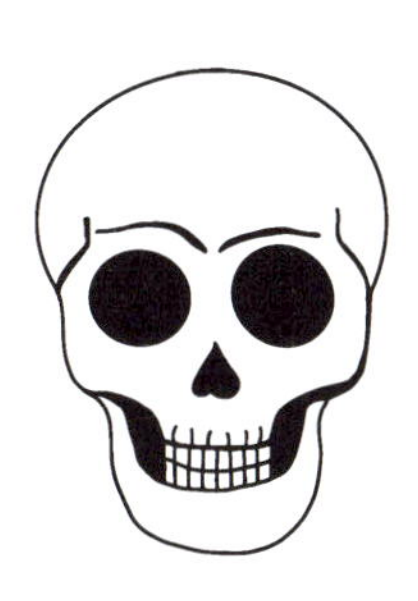
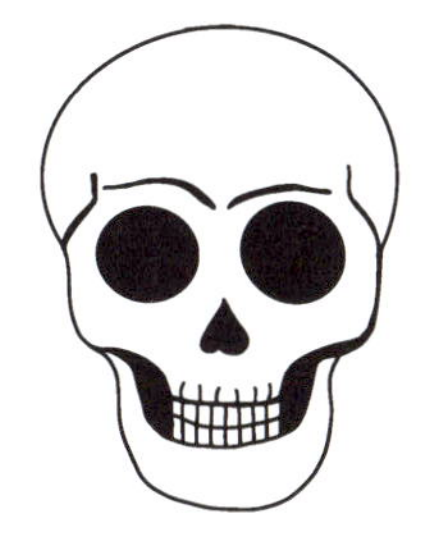
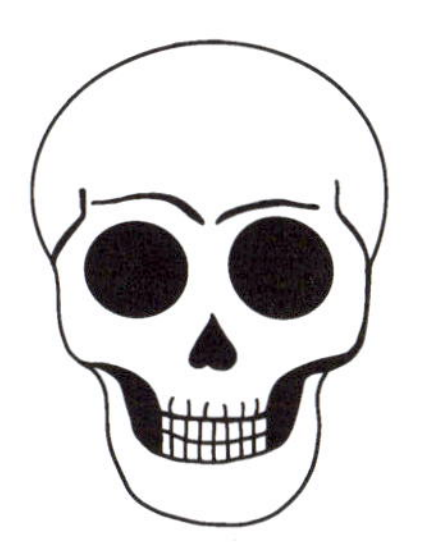
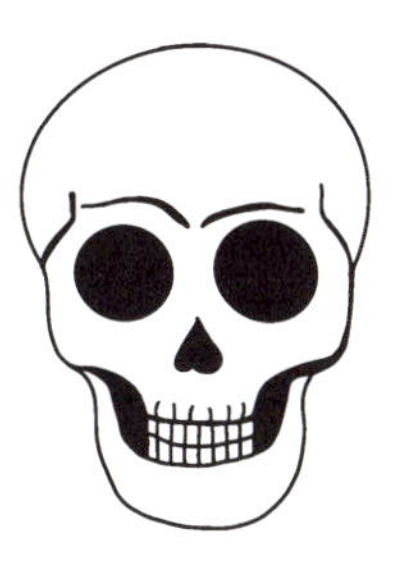
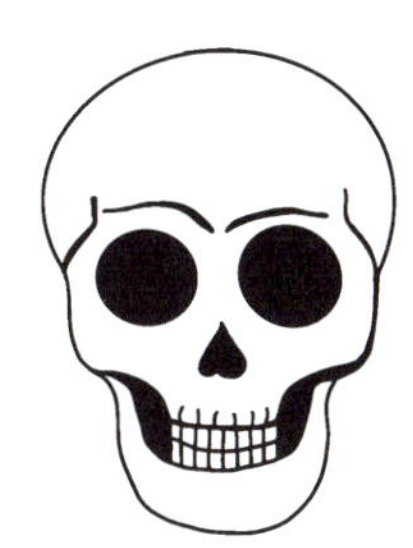

## Bildnachweis

### 1. Sinnespfad (S. 7–20)

Illustration Umriss Mensch: Heike Lüdde

*„Umriss Mensch" (S. 16)*
Illustration: Heike Lüdde

*„Bildkarten: Körperteile" (S. 17)*
Illustrationen: Heike Lüdde

*„Körperteile 2/2" (S. 18)*
Shutterstock.com:
Kopf © Maksim Shmeljov
Rücken © Stasique
Brust © MRAORAOR
Schulter © Christian Schwier
Knie © Galileo30
Hand © Dmitrij Skorobogatov
Beine © goa novi
Fuß © Purple Clouds
Arm © Business stock

*„Körperreise" (S. 19)*
Shutterstock.com:
Körperteile © ann131313.s

### 2. Sinnespfad (S. 21–33)

Shutterstock.com:
Superheld © robuart

*„Die Ameise und der Bär" (S. 27)*
Shutterstock.com:
Ameisen © Broken White,
Ameisenhaufen © Yuliya_vector

*„Ameise und Bär" (S. 28)*
Shutterstock.com:
Foto o. l. © Maslov Dmitry,
Foto o. r. © DWI YULIANTO,
Foto u. l. © Perpis,
Foto u. r. © Volodymyr Burdiak

*„Mein unsichtbarer Super-Schutzanzug" (S. 29)*
Shutterstock.com:
Helm © He2
Baum © NikhomTreeVector
Herz © Runrun2
Kissen © nanka
Ball © irin-k
Smiley © Alzay
Flasche © Mariyana M
Apfel © grey_and
Ameise © Surkhab Ahmad Art
Helm/Ameise © SkyPro Design

*„Stärken" (S. 30)*
Shutterstock.com:
Blume © GraphicsRF.com,
Ameise © bakulmie03,
Blatt © Merggy

*„Waffelteig" (S. 31)*
Shutterstock.com:
Mehl © Spreadthesign
Backpulver © Fancy Tapis
Vanillezucker © Alfmaler
Ei © Pineapple studio
Butter © Natykach Nataliia
Milch © CastecoDesign
Kelle © doomu
Schüssel © keerati
Rührbesen © Pooh Yuphayao
Teelöffel © FabrikaSimf
Waffeleisen © FabrikaSimf
Teller © AlenKadr
Puderzucker © WinWin artlab
Waage © doomu
Messbecher © Volosovich Igor
Switch-Button © PainterMaster
Waffeln © unpict

*„Mutmach-Karten" (S. 32)*
Shutterstock.com:
Bären © Tartila
Ameisen © HappyPictures

*„Mutmach-Limo" (S. 33)*
Shutterstock.com:
Wasserflasche © Mariyana M
Minze © Natali Zakharova
Zitrone © Maks Narodenko
Honig © Sunnydream
Löffel © FabrikaSimf
Eiswürfel © Valentyn Volkov
Erdbeeren © Valentyn Volkov
Apfelsaft © Macrovector
Erdbeer-Getränk © Abrosimava Tatsiana

### 3. Sinnespfad (S. 34–51)

Shutterstock.com:
Kinder/Emojis © Iconic Bestiary

*„Die kleine Spinne Susi lacht wieder" (S. 45/46)*
Shutterstock.com:
Insekten © world of vector
Wiese © Nick To

*„Sammle Glücksmomente ein" (S. 47)*
Shutterstock.com:
Wettersymbole © Sergii88

*„Gesicht" (S. 49)*
Shutterstock.com:
Gesicht © Jemastock

*„Gefühle-Fotos" (S. 50)*
Shutterstock.com:
Gesichter oben © William Perugini
Gesichter unten © bokan

*„Gefühle-Illustrationen" (S. 51)*
Shutterstock.com:
Gesichter © yatate

### 4. Sinnespfad (S. 52–66)

*„Wortspeicher" (S. 60)*
Shutterstock.com:
Stein © AnotherPerfectDay
Kissen © nanka
Glühbirne helle/dunkel © Somchai Som
Bonbons © Carlos Caetano
Zitrone © Maks Narodenko
Salz © Andrei Kuzmik
Chilli © Maks Narodenko
Handzeichen leise © Eduard Radu
Eiswürfel © Valentyn Volkov
kalt-Symbol © Nadiinko
Sonne © Sergii88
Megafon © serazetdinov
Daumen hoch/runter © 4zevar

*„Quarkmännchen" (S. 61)*
Shutterstock.com:
Mehl © Spreadthesign
Quark © Nor Gal
Backpulver © Fancy Tapis
Vanillezucker © Alfmaler
Speiseöl © AlenKadr
Milch © CastecoDesign
Schüssel © keerati
Esslöffel © FabrikaSimf
Backblech © Anydudl
Teigrolle © ajt
Backpinsel © Pelagija
Butter © Natykach Nataliia
Zucker © WinWin artlab
Waage © doomu
Switch-Button © PainterMaster
Teigrolle und Teig © S_Photo
Teigmännchen © Sunnydream
Herd © Real Vector

### 5. Sinnespfad (S. 67–87)

*„Teile des Gehirns" (S. 78)*
Shutterstock.com:
Abb. © Medical Art Inc
Klebestift © vectorisland

*„Zusammenarbeit im Gehirn" (S. 80)*
Shutterstock.com:
Abb. © MattL_Images

*„Gehirnfutter" (S. 81)*
Shutterstock.com:
Gehirn © mything
Wasserflaschen © Mariyana M
Quark © Nor Gal
Bohnen © NIKCOA
Apfel © grey_and
Brokkoli © Valery121283
Spinat © Binh Thanh Bui
Möhre © Photoongraphy
Brot © chili sauce
Haferflocken © messer16
Fisch © Victoria Sergeeva
Walüsse © Spreadthesign

*„Organe zeigen und anmalen" (S. 84)*
Illustration Umriss Mensch: Heike Lüdde

*„Das hilft bei ..."/„Wer kann helfen" (S. 85)*
Shutterstock.com:
Zwieback © GSDesign
Apfel © grey_and
Banane © Ian 2010
Zwiebel ©Inna Kharlamova
Thymian © Tetiana Peliustka
Honig © Sunnydream
Minze © Natali Zakharova
Luft © mStudioVector
Kräutertöpfe © DUSAN ZIDAR
Arzt © lemono

stock.adobe.com:
Telefon © reeel
Fenchel © Scisetti Alfio
Tee © miklav

*„Zwiebelsaft und Thymiansalbe" (S. 86)*
Shutterstock.com:
Zwiebel ©Inna Kharlamova
Thymian © Tetiana Peliustka

*„Erste Hilfe" (S. 87)*
Shutterstock.com:
Nasenbluten/stabile Seitenlage/
Beine hochlegen © Pepermpron
Wasserhahn © Airin.dizain
Wunde bedecken © Luciano Cosmo
Wasserflasche © Mariyana M
Wadenwickel © Heike Lüdde
Handwunde © WinWin artlab
Pflaster © mouse md
Zecke © Armando Frazao

stock.adobe.com:
Telefon © reeel

Illustration Wadenwickel: Heike Lüdde

### 6. Sinnespfad (S. 88–102)

Shutterstock.com:
Menschen in Bewegung © Andrii Bezvershenko

*„Arm- und Beinmuskulatur" (S. 95)*
Shutterstock.com:
Arm- und Beinmuskel © inspiring.team
Klebestift © vectorisland

*„Sportarten"/"Körpermusik" (S. 96)*
Sportarten oben:
Shutterstock.com:
Wandern © YummyBuum
Bowling © zuperia
Fußball © Sabelskaya
Fahrrad © Irina Strelnikova
Tennis © klyaksun
Kanu © denayunebgt

Körpermusik unten:
Illustration: Norbert Höveler

*„Skelett" (S. 97)*
Shutterstock.com:
Skelett © Apalah Daya
Klebestift © vectorisland

*„Körperteile" (S. 98)*
Illustrationen: Heike Lüdde

*„Körperteile" (S. 99)*
Illustrationen: Heike Lüdde

*„Skelett-Puzzle" (S. 100)*
Shutterstock.com:
Skelett © Olga Bolbot

*„Mensch in Bewegung" (S. 101)*
Illustration: Norbert Höveler

*„Hefeteigknochen" (S. 102)*
Shutterstock.com:
Hefe © Jiri Hera
Zucker © WinWin artlab
Mehl © Spreadthesign
Salz © Andrei Kuzmik
Olivenöl © Tarzhanova
Messbecher © Volosovich Igor
Wasserhahn © Airin.dizain
Schüssel © keerati
Löffel © FabrikaSimf
Teigrolle © ajt
Handrührgerät © Karolina Semenova
Backblech © Anydudl
Tomatenmark © amfoto
Waage © doomu
Zeit-Icon © Nadiinko
Hefeteig © Rutina
Knochen © GOLDMAN99
Herd © Real Vector
Switch-Button © PainterMaster

*„Schädel" (S. 103)*
Illustrationen: Heike Lüdde